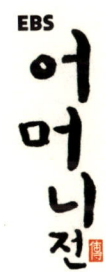

EBS 어머니전(傳)

EBS·박앤박 미디어 공동기획
EBS 〈어머니전(傳)〉 제작팀 지음

북하우스

목차

- 들어가는 글 ——————————————————————— 007
- 추천의 글

　모든 어머니가 기대어 쉬고 싶은 어머니가 될 수 있기를 소망하며 —— 011
　– 조세핀 킴

　훌륭한 자녀는 어머니로부터 시작합니다 ————————— 014
　– 박경아

01
UN 사무총장 반기문의 '겸손'
그리고 어머니 신현순 ———————————————— 016

인성 교육은 부모로부터 시작된다 / 생명이 있는 것을 귀하게 여기고 착하게 살아라

02
세계를 제패한 전 역도 선수 장미란의 '자신감'
그리고 어머니 이현자 ———————————————— 034

약점을 강점으로 보면 자신감이 생긴다 / 마음은 표현해야 전해진다 /
진정한 나눔나눔은 내 안을 채우는 것이다

03
하버드대 교육대학원 조세핀 킴 교수의 '자존감'
그리고 어머니 주견자 ———————————————— 056

말로 아이를 기죽이지 마라 / 부모의 자존감이 곧 아이의 자존감이다

04
세계적인 로봇 박사 오준호 교수의 '호기심'
그리고 어머니 김현자 ———————————————— 076

호기심에 날개를 달아줘라 / 스스로 깨닫게 하라

05
인문학으로 광고하는 광고인 박웅현의 '창의성'
그리고 어머니 석현숙 ———————————————— 094

길은 수백 가지, 한 가지 길만 있는 게 아니다 / 일상에서 고전(classic)을 즐겨라

06
대한민국 대표 공룡학자 허민 교수의 '모험심'
그리고 어머니 이정님 —————————————— 114

안 된다고 하지 마라 / 집념과 인내라는 정성이 필요하다

07
카이스트 발명왕 황성재의 '재능'
그리고 어머니 강훈옥 —————————————— 130

No.1이 아니라 Only 1이 되어라 / 틀 안에 들어가지 말고 스스로 틀을 만들어라

08
대한민국 워너비 모델 장윤주의 '개성'
그리고 어머니 맹선재 —————————————— 150

한번 시작하면 끝을 봐라 / 꽃마다 피는 때는 따로 있다

09
세계여의사회 회장 박경아 교수의 '원칙과 소신'
그리고 어머니 나복영 —————————————— 170

남들이 가지 않는 길, 그것은 1%의 개척이다 / 규칙은 규칙이다

10
이야기꾼 영화감독 장진의 '책과 사람'
그리고 어머니 김금례 —————————————— 188

하지 마라? 할 거면 해봐라 / 책과 사람 속에는 이야기가 있다

11
스타 셰프 샘 킴의 '진심'
그리고 어머니 김영애 —————————————— 208

일단 현장에서 몸으로 부딪쳐봐라 / 최고의 셰프는 '진심'이라는 재료로 만들어진다

12
궁중음식 전수자 한복려, 한복선, 한복진 세 자매의 '집념과 헌신' 그리고 어머니 황혜성 —————————————— 226

집념을 가지고 기록해두어라 / 음식은 생명에 대한 존중이다

들어가는 글

이 세상 모든 어머니에게 들려주는
어머니의 당부

2011년, 끝나지 않을 것 같은 초여름의 뜨거운 회의가 계속됐다. 어머니를 주인공으로 한 프로그램을 만들면 어떨까, 그렇다면 사람들은 어떤 어머니의 이야기를 듣고 싶어 하고 궁금해 할까. '세상의 모든 어머니는 위대한데 어떤 어머니라니…….' 처음 생각부터가 잘못 되었다 했던 것도 잠시였고 순간 고향에 계신 내 어머니가 떠올랐다. 평생을 일해 힘줄이 튀어나온 투박한 손, 울퉁불퉁 세월의 길처럼 패인 주름진 얼굴. '어머니의 이야기. 어머니의 삶'. 아직은 '엄마'라는 단어가 익숙한 서른다섯의 딸. 딸은 어머니를 떠올리는 순간 불효녀의 가슴 한쪽이 숙연해지며 뜨거워졌다. 그 순간 어떤 어머니를 주인공으로 할 것인가가 중요하지 않았다. 어머니를 위한 프로그램을 할 수 있다는 것에 감사함을 느꼈다. 그리고 어머니를 늘 가슴에 품고 있는 모든 사람들도 나와 똑같은 마음일 거란 생각이 들었다.

하지만 아직 어머니가 아닌 작가, 피디가 어머니를 주인공으로 한 다큐멘터리를 과연 얼마나 잘 만들 수 있을까. 프로그램 시작부터 겁이 밀려왔다. 단순하지만, 너무나 어려울 것 같은 '어머니'의 이야기를 담는 프로그램의 콘셉트는 회의를 거듭하면서 '어머니'라는 넓은 주제에서 "각계각층에서 최선을 다하고 있는 인물, 명사를 키워낸 어머니의 자녀교육 철학"으로 좁혀졌다. 그리고 붙여진 타이틀 〈어머니전(傳)〉. 뵙고 싶고, 듣고 싶은 어머니의 자녀교육 철학을 담은 〈어머니전〉은 그렇게 첫 매듭을 풀었다.

명사를 먼저 섭외하는 일도 만만치 않았다. 바쁜 스케줄을 쪼개 5일을 비워주어야 하는 일은 명사에겐 부담스러웠고, '명사'라는 말에 한사코 거절하시는 분들도 많았다. 그리고 어머니와 만나 촬영을 해야 하고, 과거의 일들에 관해 어머니와 단둘이 장시간 인터뷰를 해야 하는 일 또한 부담스러워 하는 분들도 많았다. 간단하게 말하면, "어머니와 둘이요? 아이고, 전 불효자여서요. 부끄럽고 부담스럽습니다." 어머니란 존재가 자식에게 그렇다. 살면서 어머니에게 "사랑합니다"란 말을 얼마나 많이 하고 살까. 어머니와 자식의 관계라는 게 굳이 그런 말을 하지 않아도 어머니는 자식의 마음을 알고, 자식은 어머니가 알아줄 거라고 믿고 있기에, 자식이 부모에게 마음을 잘 표현하지 못해도 묵인되는 것이 아닐까.

2012년 2월 29일 〈신현순의 위대한 유산 – 반기문 UN 사무총장〉 첫 회 아이템이 정해지던 날. 2011년 12월부터 반기문 총장님의 여동생 반정란 선생님과 남동생 반기상 선생님을 찾아뵙고 출연 부탁을 드렸다. 책으로도 방송으로도 이미 많이 알려진 내용이고, 100세를 바라보는 어머니의 건강이 염려가 된 반기문 총장님의 가족 분들은 한사코 거절을 하셨다. 그리고 한 달 가까이 이어진 제작진의 설득으로 드디어 출연이 성사되었다. 그리고 만나 뵙게 된 어머니, 신현순 여사. 멀리서 찾아왔다며 제작진의 손을 잡아주시며 반겨주셨다. 어머니 당신보다 제작진을 더 걱정하며 끼니를 걱정하셨고, 1년에 한 번 보기 힘든 큰아들이 나온 영상을 TV로 보며 기도를 하시던 어머니였다. 어머니란 존재, 세상의 모든 어머니가 '어머니'란 단어로 '나의 어머니'가 되던 순간이었다.

제작진은 바쁜 명사들을 전화로, 또는 직접 만나 괴롭혀가며 설득을 했다. 오히려 제작진이 어머니와 명사에게 설득을 당하던 일도 많았다. 어머니의 건강을 염려하거나 어머니에게 불효자식이기 때문에 출연은 어머니에게 더 죄송스러운 마음이 든다는 아들딸들. 그 거절에 대한 이유가 섭외 거절을 수도 없이 받았던 제작진에겐 어떠한 이유보다 아름답다는 생각이 들었던 적도 많았다.

그렇게 만난 49명의 명사, 49명의 어머니. 방송에 담은 어머니들의 교육 철학과 삶은 그들의 평생에서 아주 작은 삶의 단상이었을 터다. 최대한 어머니의 삶과 자식을 키워낸 교육 철학이 전해졌을 때 똑같이 자식을 키우고 있는 어머니 시청자들이 머리가 아닌 가슴으로 느끼길 바랐다. 자식 몰래 옛날이야기를 꺼내시며, 자식을 속으로 사랑할 수밖에 없었던 점에 대한 미안함을 꺼내시며 우시던 어머니의 모습. 그 모습만으로도 어머니의 삶과 교육 철학을 느낄 수 있었기 때문이다.

〈어머니전〉 책 또한 자식을 키우고 있는 어머니들에게 교육 지침서가 될 뿐만 아니라, 한 시대를 먼저 살아오셨고, 어려웠던 시대를 극복하고 살아오시며 자식을 키워낸 어머니들의 지혜와 삶이 세상의 모든 어머니들에게 전해지기를 바란다. 그리고 이 시대를 살아가고 있는 젊은이들에게 공감이 되고, 느껴지기를 바란다.

"백 살 먹은 어머니가 여든 살 먹은 아들보고 도랑 조심하라고 하는 그 마음과 똑같아요. 어미 마음은 생전 자식이 무슨 일이 있으면 자식보다 더한 일도 하려고 해요. 아기 낳아서 어머니가 되면 내 말이 생각날 거예요. 어미는 그래요. 어미니까." (전 축구 국가대표 감독 허정무의 어머니, 곽석자)

지금 이 순간에도 어머니는 자식이 끼니는 잘 챙겨먹고 있는지, 회사에서 힘든 일은 없는지, 건강은 챙겨가며 일하고 있는지, 오로지 어머니 당신보다 자식 생각뿐일 것이다. 〈어머니전(傳)〉이란 프로그램을 만들면서 제작진은 늘 감사했고 반성했다. 어머니의 삶과 교육 철학을 담기에 부족했던 제작진의 마음을 한없이 따뜻하게 감싸주셨던 어머니들. '이 세상 모든 어머니'와 '내 어머니'에 대한 감사함을 다시 한 번 깨닫게 해주셨던 분들이다. 이 세상 모든 어머니에게 말로 표현할 수 없는 감사의 마음을 전한다.

— EBS 〈어머니전〉 제작팀

추천의 글

모든 어머니가 기대어 쉬고 싶은
어머니가 될 수 있기를 소망하며

– 하버드대 교육대학원 조세핀 킴 교수

요즘 세대가 '나' 중심의 세대라고 불린다면 이 책에 나오는 어머니들의 세대는 '자녀' 중심의 세대라고 말할 수 있습니다. 저나 저의 자녀 세대는 지금 누리고 있는 자유와 여유, 풍족함과 성공이 바로 우리 부모들의 지칠 줄 모르는 자기 부인과, 그들의 피지도 못한 꿈 그리고 자녀를 향한 초인적인 희생에 의해 가능했다는 것을 꼭 기억해야 합니다. 우리는 지금 부모의 어깨를 밟고 이 자리에 서 있는 것입니다. 저도 17개월 된 아들을 키우는 엄마가 되어서야 제가 어렸을 때 어머니께서 저희를 키우셨던 기억이 더욱 새롭게 다가옵니다. 그리고 생각합니다. 어머니는 어떻게 이걸 다 하셨던 것일까, 하고 말입니다.

　한국 전쟁은 끼니를 해결하는 일조차 사치로 여겨질 만큼 지독한 가난을 가져왔고 아이를 키우기에는 어려운 최악의 환경이었습니다. 그 속에서 어머니는 끼니마다 어떻게 식구들이 먹을 것을 준비하실 수 있었을까, 어떻게 웃으면서 감사하다고 말씀하실 수 있었을까, 당신은 고작 하루에 서너 시간밖에 못 주무시면서도 어떻게 밤마다 우리를 안전하고 따뜻하게 지킬 힘이 있었을까 생각해보게 됩니다.

　그때 제 어머니께서 보이셨던 여유와 힘, 따스함은 이 책 속 모든 어머니들의 모습이기도 합니다. 아이를 키울 때에 물질적인 것과 유복한 환경은 결코 중요한 게 아니라는, 가장 쉽지만 간과하기 쉬운 자녀교육의 핵심 키워드를 이 책에서는 다시 한 번 말해줍니다. 방이 많은 큰 집, 가죽시트가 있는 자동차, 유명 브랜드 옷, 명품 가방 등과 같은 물질적이고 외부적인 것은 결코 사람의 내면에 결정적인 영향을 미치지 못합니다.

이 책을 읽으며 '조건 없는 사랑'이라는 말이 마음속에 맴돕니다. 세상은 어떤 조건을 갖추어야 사랑 받을 자격이 있다고, 아이들에게 자신의 가치를 입증해야 한다고 요구합니다. 그러나 어머니는 다릅니다. 어머니는 아이의 있는 그대로를 사랑하니까요.

아이들에게 어머니는 집입니다. 저는 '집(home)'이라는 단어를 읊으면 '부드러운 쿠션(soft cushion)' 위에 누워 있는 것 같습니다. 상담을 하면서 알게 된 중요한 사실은, 아이들이 학교에서 사회에서 마음이 찢기고 뜯겨 상처 입고 돌아왔을 때 집은 그 아이를 포근하게 감싸줄 수 있는 안식처가 되어야 한다는 것입니다. 10대의 사회 범죄는 그 아이들이 집에서 받지 못한 사랑과 안정감, 지지를 엉뚱한 곳에서 받으려 하는 데서 시작됩니다.

이 책을 통해서 저는 아이를 키울 때 고난과 어려움, 고생과 장애물은 적대적인 환경이 아니라 오히려 우리와 자녀들이 더 나은 삶으로 나아갈 수 있는 발판이자 기회라고 느꼈습니다. 부모가 고난과 장애물을 극복하는 모습, 이에 대한 일관적인 자세, 서로를 격려하며 지금 처한 상황을 긍정적으로 받아들이는 마음은 훗날 자녀가 자신의 인생에서 맞닥뜨린 어려움을 극복할 수 있도록 하는 강력한 유산이기 때문입니다.

아이들은 어머니가 옆에 없어도 어머니의 목소리를 들을 수 있습니다. 저는 미국에서 교수로서 학생들을 가르치다가도, 어린 아들과 함께 놀다가도 한국에 계신 제 어머니의 목소리를 듣습니다. 실패를 했을 때에는 "괜찮아, 명화야. 다음에 더 잘할 수 있을 거야. 살다보면 그럴 때도 있지 뭐"라는 말씀이, 성공을 했을 때에는 "역시 우리 딸 명화구나. 정말 자랑스럽구나. 너로 인해 내가 기쁨과 힘을 얻는다"라는 목소리가 들립니다. 큰일을 앞두고 긴장할 때면 "명화야, 사람이 너무 완벽하면 재미없어. 있는 그대로 하면 되는 거야. 너는 너다울 때가 가장 최고니까"라는 어머니의 목소리가 들립니다. 그 목소리는 귀로 들리는 게 아니라 제 마음속에서 늘 울리는 영혼의 소리가 되었습니다.

제 아들이 자라서 인생의 중대한 도전과 마주섰을 때, 어머니인 저에게 어떤 목소리를 듣기 원할까요? 살면서 가장 큰 낙심과 실패를 겪게 될 때, 제 아들은 저의 어떤 표정을 기억하게 될까요?

저는 이 책을 통해 제 어머니뿐만 아니라 다른 모든 어머니들로부터 생활 습관과 성품, 지혜 그리고 언어를 열심히 공부해서 제 것으로 만들 것입니다. 그래서 사랑하는 제 아들 현준에게 집과 같은, 늘 기대어 쉬고 싶은 그런 어머니가 될 수 있기를 소망합니다.

훗날 우리 자녀들이 우리를 떠올리며 자신의 아이를 키우게 될 것입니다. 저와 마찬가지로 이 시대의 많은 어머니들이 이 책을 통해 자신의 어머니 세대로부터 자녀를 키우는 지혜를 배울 수 있다면 좋겠습니다.

훌륭한 자녀는
어머니로부터 시작합니다

— 세계여의사회 회장 박경아 교수

EBS에서 처음 〈어머니전〉 섭외가 왔을 때, 일단 저의 대답은 '고려해보겠다'였지만 마음속으로는 'No'였습니다. 아흔이 다 되신 어머니에게 TV 카메라 앞에 서시라고 하면 어머니가 허락을 하실 것 같지 않았습니다. 어머니께 말씀 드렸을 때 어머니는 예상대로 "원, 별일을 다……" 하시며 손사래를 치셨습니다. 그런데 그 강도가 과히 세지 않다는 느낌이 든 순간 "가만, 한 번 해볼까?" 싶어졌습니다. 생각해보니 어머니는 앞으로 자서전을 내실 계획도 없고, 그동안 찍은 사진들을 제대로 정리해두지 않았으니 이 참에 뭔가 정리가 될 수 있다면 그 또한 좋은 일이 되겠다는 생각이 들었습니다.

막상 촬영이 시작되고 과연 이것이 제대로 된 TV 다큐멘터리로 만들어질 수 있을까 우려했던 것도 사실입니다. 그렇지만 프로그램이 방영이 되던 날 많은 분들의 연락을 받았습니다. 그로부터 반년이 지난 지금도 전혀 모르는 분들이 저에게 〈어머니전〉을 잘 보았다고 인사를 하곤 합니다. 아마도 저와 제 어머니의 이야기가 보는 분들의 어머니를 떠올리게 했던 게 아닐까 합니다.

저 역시 저희 모녀의 이야기가 방영이 되고 난 후 〈어머니전〉을 관심 있게 지켜보았습니다. 그리고 이 땅의 어머니들은 과연 어떻게 자식을 키웠던 것일까 되돌아보게 됐습니다. 그동안 알고 있던 유명 인사들, 해외에서 유학을 하고 돌아와 멋진 일을 하며 살아가는 분들을 보며 이전까지 그들은 좋은 집안에서 일찌감치 행운을 타고 태어났을 것이라고 생각했던 것이 모두 오해였음을 깨달았습니다. 대부분의 명사들은 어려운 어린 시절을 보냈고, 그의 어머니들은 가정형편이 어려워졌을 때 주저 없이 생계에 뛰어들어 가정을 지키고 자녀의 꿈을 지켜주고자 결단을 내렸던 분들이었습니다. 그런 이야기를 마주할 때마다 저의 눈시울은 뜨거워졌습니다. 그리고 그 분들이 명사들을 키워낸 데에는 특별한 비법 같은 것은 없었습니다. 어머니로서 어떻게 해야 자녀가 가장 행복할지, 무엇이 자녀의 삶에서 가장 중요한지를 놓치지 않았습니다.

요즘 우리나라 젊은 어머니들의 교육열은 뜨겁다 못해 데일 지경입니다. 지나친 교육열로 인한 폐해도 심심찮게 들리곤 합니다. 그런 어머니들에게 자식 교육은 웃어른들에게 배우라는, 훌륭한 자식은 어머니의 몫이라는 이야기를 전하고 싶습니다. 이 시대 어머니들이 이 책에 담긴 윗세대 어머니들의 이야기를 통해서 교육의 참 가치를 다시 한 번 생각해볼 수 있기를 바랍니다.

01

그 사람, 반기문은…

대한민국 청소년들이 가장 닮고 싶은 리더 1위. 반기문 UN 사무총장은 고등학교 때 에세이 경시대회에서 수상함으로써 미국을 방문해 존 F.케네디를 만난 뒤 외교관의 꿈을 키웠다. 그는 주요 요직과 한국 외교부 장관을 거쳐 2006년 제8대 UN 사무총장으로 선출되었다. 그 후 기후변화, 핵 확산 방지 등의 인류 과제를 안정적으로 수행하고, 성실함과 겸손한 동양적 리더십이 인정을 받으면서 2011년 연임에 성공했다.

UN 사무총장
반기문의

겸손

그리고 어머니 신현순

반기문 UN 사무총장을 키운 어머니의 교육 철학

· 인성 교육은 부모로부터 시작된다
· 생명이 있는 것을 귀하게 여기고 착하게 살아라

공부를 좋아했던 소년

일제강점기에 아버지는 전근이 잦았고, 반기문은 여덟 살 무렵 충주로 이사를 했다. 전쟁 직후라 세상이 뒤숭숭해 학교를 다니는 아이들이 많지 않았음에도 그가 다니는 학교는 전교 학생이 2천 명이 넘었다. 같은 반 아이들은 전학생 기문을 똥파리라고 놀려댔다. 나름의 신고식이었다. 기문은 그런 놀림이 견디기 힘들었지만 남에게 못되게 굴지 말고 선하게 살라는 어머니의 당부대로 참고 견뎠다.

5남매의 장남인 반기문은 모든 면에서 모범적이었다. 반듯한 자세와 단정한 교복 차림에 중고등학교 내내 성적은 올 수였고, 성적표 행동발달상황에는 '학급 제1인자로서 손색이 없는 모범 학생임', '책임감과 인내심이 강하고 품행이 단정함'이라는 말이 꼭 들어갔다. 밥상 앞에서도 책을 손에서 놓지 않았으며 중학생이 되서는 밤에 같이 자는 어린 동생들에게 피해가 가지 않도록 촛불을 켜놓고 공부했다. 그는 장남으로서, 학생으로서 부모님을 위해 할 수 있는 거라고는 공부밖에 없다고 생각해서 어머니가 말릴 정도로 공부에 열심이었다.

그가 학교 다니던 시절은 전쟁 통이라 미군 군용차가 자주 오갔고 아이들은 그 차를 뒤쫓아 달리곤 했다. 친구들을 따라 서툰 영어로 차를 쫓아 다니던 반기문은 문득 미국이 어떤 나라인지 궁금해지기 시작했다. 호기심은 중학생이 되어 처음 영어를 접하면서 공부로 이어졌다. 꾀부리지 않고 학교에서 시키는 대로 영어 공부를 하다보니 사전을 찾아가며 타임지를 읽을 수 있는 정도로 영어 실력이 늘었다.

하지만 UN과의 인연은 그보다 일찍 시작됐다. 반기문 총장은 초등학교 6학년이었을 때 당시 UN 사무총장이었던 함마르셸드에게 "헝가리 사람들이 자유를 위해 공산주의에 맞서 싸우고 있습니다. 세계 평화를 위해 일하는 UN에서 그들을 도와주어야 합니다"라는 내용의 탄원서를 보낸 적이 있다. 그 후 고등학교 때 미국 적십자사가 마련한 비스타(VISTA, 외국 학생의 미국 방문 프로그램) 장학생으로 선발된 그는 미국을 방문해 존 F. 케네디 대통령을 만났고, 그 경험을 계기로 막연한 꿈이었던 외교관을 일생의 목표로 삼았다. 그리고 외무고시에 합격하여 초고속 승진을 한 끝에 외교부 장관을 거쳐 UN 사무총장으로 발탁되었다.

모범적으로 성공 가도를 달린 것처럼 보이는 반기문. 그러나 그가 지금의 위치에 오르게 된 것은 단순히 '능력'이 뛰어났기 때문만은 아니다. 특유의 동양적 리더십, 부드러운 카리스마로 전 세계 리더들을 아우를 수 있었던 것은 능력 이전에 타인에 대한 배려와 겸손이 밑바탕에 깔려 있기 때문이었다. 그리고 그것은 그의 어머니가 오래전부터 강조하던 것이었다.

인성 교육은 부모로부터 시작된다

어머니는 자식들에게 무엇을 하라고 지시하기보다는 스스로의 선택과 결정에 맡기는 편이었다. 한번은 집에 있는 어미 돼지가 새끼를 낳자 새끼 돼지 세 마리를 자식들에게 나눠주었다. 시골에서

는 돈이 생기면 소나 돼지 같은 가축을 사거나 논밭을 사서 돈을 불리는 일이 흔했다. 어머니가 하신 말씀은 간단했다. "이제부터 새끼 돼지는 너희들 것이니까 잘 키워서 학용품도 사고 돈으로 쓰렴."

돼지 키우기는 생각보다 손이 많이 갔다. 반기문 총장을 포함한 형제들은 먼저 골목과 뒤뜰에 있는 자투리 나무들을 주워 어설프게나마 돼지우리를 만들었다. 하지만 그보다 더 큰일이 기다리고 있었다. 바로 새끼 돼지의 끼니를 꼬박꼬박 챙기는 것이었다. 아이들은 이웃집에 가서 뜨물을 얻어왔고 버리는 음식물을 구해 돼지밥을 주었다. 돼지에게 내줄 게 없을 때는 자신이 먹던 밥까지 갖다 주었다. 하루가 다르게 튼실해지는 돼지를 보는 건 즐거웠지만 돼지가 커질수록 처치 곤란한 돼지 똥도 늘어났다. 다행히도 비료가 귀했던 시절인지라 밭농사를 하는 어른들이 비료로 쓰고 싶다며 찾아왔고, 아이들이 돼지 똥을 날라다주면 어른들은 고맙다며 고구마와 감자를 내주었다. 그처럼 돼지를 키우는 경험은 아이들에게 쉬운 일은 아니었지만 일하는 노동의 즐거움과 자립심을 길러주었다.

또한 주변으로부터 정이 많다는 평을 들었던 어머니는 먼저 남에게 베풀고 남을 배려해 자식들이 절로 따라 배우도록 했다. 그런 어머니 덕분에 시험 때면 반기문의 사랑방은 밤샘 공부하는 친구들로 북적거렸다. 그렇게 시험 공부를 하고 있으면 어머니는 누룽지를 긁거나 고구마와 감자를 쪄주었다. 잘 먹어야 한다며 친구들을 스스럼없이 대하는 어머니를 보고 친구들도 편히 제집처럼 드나들었다. 어머니는 학생들 외에도 사정이 딱한 사람들에게도 필요하면 아낌없이 내어주었다.

언젠가는 하늘이 내린 벌이라는 문둥병에 걸린 사람이 절 근처에 살다가 내쫓겼던 일이 있었다. 아버지는 그에게 방 한 칸을 내어주었고, 어머니는 1년 동안 밥을 해 먹이며 보살폈다. 기문과 그의 형제들이 그런 어머니를 보고 배웠던 것처럼 어머니 역시 어린 시절에 그녀의 할머니가 남에게 베푸는 것을 보고 배웠다고 했다.

"나도 착하게 살라고 해서 그리 살았어요. 할머니가 우리 아버지가 장사하다 남은 것들을 없는 사람 가져다주고, 밥 해다주고, 그러는 걸 매일 보고 자랐어요. 그래서 그래야 하는 줄 알고 할머니마냥 나도 그렇게 한 거예요." – 어머니 신현순

인성 교육은 가정에서부터 시작된다고 한다. 자녀들의 인성과 가치관은 가정에서 형성되며 자녀는 부모의 인성과 태도를 그대로 따라 배운다는 것이다. 교육관이 바뀌고 가정의 모습도 많이 달라졌다고는 하지만 자식은 부모를 보며 자란다는 점은 예나 지금이나 같다.

생명이 있는 것을 귀하게 여기고 착하게 살아라

반기문 총장이 중학생일 무렵, 부모님은 쌀 창고업을 시작했다. 충주에서 5백 평이 넘는 적산가옥(옛 일본식 주택)을 창고로 개량해 각종 곡식을 받아두고 보관비를 받는 꽤 큰 사업이었다. 벼, 겨, 쌀

등 곡식을 챙겨둔 창고는 바쁘게 돌아갔다. 그런데 어느 날부터 곡식이 조금씩 없어지기 시작했다. 배고픈 사람들이 창고의 쌀을 한 됫박씩 훔쳐간 것이다. 한번은 어머니가 외출했다가 돌아오는 길에 쌀을 훔쳐가는 사람과 마주쳤다. 창고에서 일하던 사람이었다. 어쩔 줄 몰라 머리를 계속 조아리는 그에게 어머니는 아무 말도 하지 않고 쌀을 얼른 지고 가라고만 했다. 굶어 죽겠다는데 우선 사람 먼저 살리고 봐야 하지 않겠느냐는 생각이었다. 그렇게 한두 사람이 서너 사람이 되고, 점점 몰래 가져가는 사람이 많아지자 쌀이 점점 동이 나기 시작했다. 결국 쌀 주인에게 쌀값을 물어줘야 할 판이 되었다. 하지만 부모님은 태연히 "사람 사는 데니까 사람이 오지"라고 말씀하실 뿐이었다.

"돌 한 개라도 집어서 함부로 강에 집어 던지지 마라. 어린 이파리도 죽죽 훑어 내버리지 마라. 그것도 생명이 붙은 거다." – 어머니 신현순

어머니는 살아 있는 모든 것들을 중요하게 여겼다. 그 시절 사정이 어려운 사람들을 모른 척하지 못했던 것도 그런 이유였을 것이다. 아이들에게 늘 이야기했던 것도 착하게 살아야 한다고, 남을 돕지 않으면 잘 살지 못한다는 말씀이었다. 생명을 소중히 여기는 마음이 있으면 사람들과의 관계에 있어서도 자신을 낮추고 타인을 배려할 줄 안다. 그렇게 생명을 귀하게 여기고 대하는 부모님의 가치관은 반기문에게도 많은 영향을 주었다.

반기문 총장을 만난 사람들은 그를 매우 겸손한 사람으로 기

억한다. 제5공화국에서 18대 국무총리로 취임한 노신영 씨는 취임하자마자 그를 의전비서관 자리에 임명했다. 당시 외무고시 동기는 물론 선배들까지 제친 파격적인 승진이었다. 우리나라와 같은 관료 사회에서는 서열이 중요한 위치를 차지한다. 동기나 선배보다 먼저 승진을 하거나 주요 요직에 앉게 되면 서열 또한 바뀐다. 승진이 결정되자 그는 꼬박 일주일이 걸려 선배와 동료에게 일일이 편지를 썼다. "선배들보다 먼저 승진하게 돼서 미안하고 송구하다"라는 내용으로 마음의 부담이 되지만 잘 이해해 달라는 취지의 겸손한 편지였다.

외교통상부 장관 시절에도 지인이나 업무로 만나는 각계각층의 사람들에게 카드를 보낼 때 자필로 꼭 '불초(不肖) 반기문'이라는 서명을 했다. 보통 '불초'는 부모에게 효도하지 못한 불효막심한 자식으로도 쓰이고, 자신을 매우 낮추는 겸양의 표현이기도 하다. 최고위직에 올랐지만 스무 살 아랫사람에게도 마찬가지였다. 낮은 자세와 조용하면서도 따뜻한 카리스마로 사람과의 관계를 쌓아나갔고, 2006년 한국인 최초로 UN 사무총장에 올랐다.

왕따와 학교 폭력이 사회적 이슈가 되고 있는 요즈음, 전문가들은 그 원인을 타인의 입장과 감정을 이해하고 배려하지 못하는 무감각에서 찾는다. 아이들에게 경쟁에서 무조건 이길 것만을 강요하다보니 타인에 대한 존중이나 배려, 겸손과 같은 인성 교육이 등한시되었다는 것이다. 그러나 학교라는 울타리를 벗어나 세상 밖으로 나오면 상황은 바뀐다. 어느 기업에서 직장인들에게 실시한 설문조사에 따르면 '좋은 관계를 위한 태도가 무엇이라고 생각하는가' 라는 질문에 1위로 배려(37%), 2위로 겸손(23%)을 꼽았다. 지위 고하에 관계없이 남을 이해하고 배려할 줄 아는 능력은 사회생활뿐 아니라 글로벌 인재가 되기 위해 더 큰 꿈을 꾸고 도전하는 젊은이들에게도 꼭 필요한 능력이다. 그리고 이런 능력은 어릴 적의 도덕 교육에서 나온다. 반기문 총장이 현재 UN 사무총장으로 동서양을 넘어 각국의 리더를 아우르며 나아갈 수 있는 것 역시 어머니의 삶으로부터 배운 이런 가치를 자신의 삶에서 실천하고 있기 때문이 아닐까.

어머니에게 傳하다

반기문 총장의 어머니는 열여덟 꽃다운 나이에 반씨 가문의 셋째 며느리로 시집을 와서 서른 명이 넘는 대식구를 책임졌다. 가족의 옷을 직접 만들고 서른 명 대식구를 군소리 없이 먹여 살리는 며느리에게 시어머니는 "내가 죽어서도 너 부자 되게 해주마"라며 부엌에 물 한 바가지를 떠놓고 치성으로 기도를 올렸다고 한다.

학교에 다녀본 적이 없던 어머니는 한글도 뒤늦게 배웠다. 여자는 학교에 갈 필요가 없다는 옛 어르신들 때문이었다. 배움에 대한 미련도 많았을 텐데, 어머니는 그 무엇보다 착하게 살라는 말을 강조했고 실제로 어머니 자신도 그렇게 살아왔다. 아흔을 넘은 지금도 어머니는 자주 찾는 절에 가면 기도를 빼놓지 않고 올린다. 자식들과 모든 가정의 평안을 비는 기도가 언제부터인가 그저 감사하다는 기도로 바뀌었다. 배려와 겸손을 강조한 어머니의 가르침에 대한 반기문의 마음은 UN 사무총장직 수락 연설에서도 그대로 나타난다.

"겸손은 결코 헌신이나 통솔력 부족을 의미하지 않습니다. 겸손은 요란한 팡파르를 올리지 않고서 과업을 완수하는 조용한 결단력입니다." - 반기문

맞춤형 자녀교육 포인트

인성 교육의 시작, '밥상머리 교육'

왕따나 학교 폭력 등 학교 문제가 이슈가 되면서 인성 교육의 중요성에 대한 인식이 갈수록 커지고 있다. 교과부와 각 시·도 교육청에서도 나서서 '기본적인 인성 교육을 가정에서부터 되살리자'라는 취지로 밥상머리 교육을 강조하고 대대적인 캠페인을 벌이고 있다. 아이가 중고등학생이 되면 아이는 학원에 가느라, 부모는 맞벌이 또는 잦은 야근으로 늦게 퇴근하느라 온 식구가 모여 한 끼니조차 먹기 힘든 게 요즘이다. 밥상머리 교육이란 무엇이며, 가정에서 실천할 수 있는 방법은 무엇일까?

이해 밥상머리 교육이란?

밥상머리 교육은 가족이 함께 식사를 하면서 인성과 가치관을 배우는 교육이다. 흔히 밥상머리 교육이라고 하면 식사 예절을 가르치는 교육으로 국한해 생각하기 쉽지만 그보다 더 광범위한 의미를 가진다. 옛날에는 온 가족이 둘러앉은 밥상에서 아이는 어른이 수저를 들 때까지 기다리는 시간을 통해 절제를 배우고, 같이 나누어 먹으며 배려를 배우고, 밥을 남기지 말고 먹으라는 어른의 말씀을 통해 음식의 귀함을 깨달을 수 있었다. 이미 여러 연구에서도 밥상머리 교육은 인성 교육, 어휘 발달, 인지 발달 등 여러 가지 효과가 있다고 알려져 있다.

실천 일주일에 한두 번 가족이 다 함께 밥 먹는 날 정하기

밥상머리 교육은 무엇보다 가족이 함께 밥을 먹으며 대화를 할 수 있는 소통의 시간이다. 매주 온 가족이 마주앉는 소중한 시간이므로 이날만큼은 부모가 아이에게 훈계를 하거나 어색한 침묵의 시간이 되지 않도록 애써야 한다. 성적이나 공부 등 아이들이 기피하는 이야기에서 벗어나 되도록 아이들의 말을 주의 깊게 듣고 공감하는 게 필요하다.

단, 다같이 밥을 먹을 때는 몇 가지 규칙이 필요하다. 식탁은 아이들과 함께 차리는 것이 좋다. 어머니 혼자서 식사 준비를 하는 게 아니라 수저 놓기나 간단한 밑반찬을 나르기 등을 아이에게 맡겨본다. 혹은 음식을 만드는 과정부터 아이들이 참여하게 한다. 이런 과정을 통해 아이들은 자신이 가족의 구성원임을 확실히 느낄 수 있다. 또한 가족간의 대화에 방해가 되는 텔레비전과 휴대 전화는 아예 꺼버리는 게 좋다.

좀 더 여유가 된다면 일주일에 한 번씩 본격적으로 대화의 시간을 마련해보자. 이때는 서로 자유롭게 의견을 교환할 수 있도록 특정한 주제를 한 가지씩 정하는 게 좋다. 이를테면 '텔레비전 시청시간 정하기' '적정한 용돈 정하기' '행복한 우리 집이 되기 위한 규칙 정하기' 등 예전에 부모 혼자 결정했던 일들을 아이들과 함께 이야기하며 정해본다. 규칙을 정하는 과정에서 왜 텔레비전을 오래 보면 나쁜지, 왜 용돈을 헤프게 쓰면 안 되는지 등을 부모는 자연스럽게 아이에게 설명할 수 있다.

❋ 밥상머리 교육 실천 지침 (교육과학기술부, 2012)

1. 일주일에 두 번 이상 가족 식사의 날을 가진다.
2. 정해진 장소에서 정해진 시간에 함께 모여 식사한다.
3. 가족이 함께 식사를 준비하고 함께 먹고 함께 정리한다.
4. TV는 끄고 전화는 나중에 한다.
5. 대화를 할 수 있도록 천천히 먹는다.
6. 하루 일과를 서로 나눈다.
7. '어떻게 하면 좋을까'식의 열린 질문을 던진다.
8. 부정적인 말은 피하고 공감과 칭찬을 많이 한다.
9. 아이의 말을 중간에 끊지 말고 끝까지 경청한다.
10. 행복하고 즐거운 가족 식사가 되도록 노력한다.

02

그 사람, 장미란은…

'여자 헤라클레스' '철의 여인' '로즈(ROSE)란' 등의 애칭으로 불리며 한국 여자 역도를 알린 전 역도 선수. 중학교 3학년 때 선수 생활을 시작한 그녀는 2년도 채 되지 않아 한국 신기록을 세우며 두각을 나타낸다. 2005년부터 세계선수권대회를 4연패하고, 2008년 베이징올림픽에서 우승했으며 인상·용상·합계 세계 신기록을 세우며 5년 동안 세계 여자 역도를 지배해왔다. 올림픽 대회, 세계선수권대회, 아시안게임, 아시아선수권대회 등 출전할 수 있는 모든 국제 대회를 제패해 여자 역도 사상 최초로 '그랜드슬램'을 이루기도 했다. 2012년 런던올림픽을 끝으로 선수 생활에서 은퇴를 한 뒤 '장미란 재단'을 설립해 유망주들을 발굴하는 데 힘쓰며 현역 시절보다 더 바쁜 날들을 보내고 있다.

세계를 제패한
전 역도 선수
장미란의

자신감

그리고 어머니 이현자

역도 선수 장미란을 키운 어머니의 교육 철학

- 약점을 강점으로 보면 자신감이 생긴다
- 마음은 표현해야 전해진다
- 진정한 아름다움은 내 안을 채우는 것이다

내성적인 소녀, 세계를 제패하다

대부분의 아이들이 가족과 함께 놀이동산을 찾는 어린이날, 장미란 선수의 가족은 산 정상에 올랐다. 사실 어린이날뿐만이 아니라 공휴일이면 온 식구가 함께 산을 오르는 게 가족행사였다. 산을 좋아하는 부모님의 영향도 있었지만 운동을 하면 건강은 물론 정신력 또한 강해진다는 부모님의 믿음 때문이기도 했다. 그런 이유로 평상시에도 아침이면 온 가족이 공설운동장에 가서 달리기를 하고 줄넘기를 했다. 매일 했던 체력 훈련 덕인지, 아니면 역도 선수였던 아버지와 어린 시절 학교 대표 계주 선수였던 어머니의 운동 신경을 닮아서인지 미란과 두 동생은 학교 운동회 때마다 1등을 독차지하며 상품으로 수십 권의 공책을 받아오곤 했다.

장미란 선수가 처음 역도를 시작한 나이는 열여섯. 그녀는 또래에 비해 큰 덩치 때문에 늘 주눅이 들어 있던 소녀였다. 어머니는 그런 그녀가 잘 할 수 있는 것을 찾아주었다. 바로 역도였다. 늦은 감도 있었지만 미란은 타고난 재능이 있었는지 역도를 시작한 지 열흘 만에 대회에서 우승을 했다.

처음에는 역도를 꺼렸던 미란은 집중해서 좋은 결과를 내는 것에 재미를 느꼈고 내성적이던 성격도 조금씩 바뀌기 시작했다. 그녀는 내처 4년 만에 국가 대표가 되고, 2004년 아테네올림픽대회에서 거머쥔 은메달을 시작으로 국제 대회에서 자신이 세운 신기록을 하나둘 갈아치웠다.

물론 늘 영광의 순간만 있었던 것은 아니다. 2010년에는 교통사고 후유증으로 고생하기도 했고, 2012년 런던올림픽에서는 메달권에 들지 못했다. 그러나 당시 용상 3차 시기에 실패한 후 결과에 애석해하기보다 바벨에 정성스럽게 손으로 키스를 하는 장면은 세계인들에게 감동을 주었다. 15년간 씨름을 해온 바벨을 온전히 내려놓는 순간이었다.

약점을 강점으로 보면 자신감이 생긴다

어린 시절, 장미란 선수는 좋다는 걸 죄다 먹여도 작고 호리호리하기만 한 아이였다. 그런 미란의 체격이 갑자기 커진 건 초등학교 5학년 무렵. 잘 먹는 만큼 체중은 급격하게 불어났고 중학생이 되자 웬만한 성인 남성 못지않은 체격이 됐다. 외모에 한창 민감한 나이의 소녀는 더욱 의기소침해졌다. 사람들 앞에서 제 의견을 말하는 것조차 잘 하지 못했고, 선생님에게 할 말이 있을 때에는 주변에 사람들이 없을 때까지 기다렸다. 체중이 늘어갈수록 그에 반비례해 자신감은 줄어들었다.

점점 내성적으로 변하는 딸을 본 어머니는 모진 결단을 내렸다. 딸과의 다이어트 전쟁을 시작한 것이다. 부모 말이라면 반항 한 번 없이 고분고분한 아이였지만 이번에는 어머니의 뜻대로 되지 않았다. 밥을 조금 주면 딸은 그게 양이 안 차서 수저를 놓지 못했고, 그걸 본 아버지는 한창 클 나이인데 왜 아이에게 밥을 안 주느냐며 어머니를 힐난했다. 아버지의 말에 속이 상해 어머니가 한마디 했다가 말다툼이 되고, 자신 때문에 싸우는 부모를 지켜보던 아이는 옆에서 울고, 그야말로 악순환의 연속이었다.

긴 싸움 끝에 남는 것은 서로를 향한 상처뿐이었다. 아이의 체중은 줄기는커녕 늘어만 갔다. 그 기로에서 어머니는 고민 끝에 생각을 달리하기로 했다. 또래보다 큰 아이의 체격을 장점으로 보기로 한 것이다. 어머니가 보기에 미란은 체격도 컸지만 거기에 더해 운동신경이 좋았고 끈기가 있었다. 한 번 목표를 정하면 그것을 이루기 위해 최선을 다했다. 우직하고 성실한 아이였다. 그런 점을 고려해서 미란이 하면 잘 할 수 있을 운동종목을 찾았다. 선수 생활을 했던 남편 덕에 잘 알고 있는 역도라면 미란의 장점이 잘 발휘될 수 있을 것 같았다.

그러나 정작 문제는 미란이었다. 외모에 민감한 열여섯 소녀에게 역도는 받아들이기 힘든 운동이었던 것이다. 딸아이의 반발은 예상보다 컸다. 그렇게 잘 먹던 아이가 밥을 먹지 않았고 어머니와 일주일이 넘도록 말을 섞지 않았다. 하지만 어머니는 물러서지 않았다. 미란이 가겠다고 약속 했던 고등학교에 가지 못하게 된 참에 어머니는 자신의 결심을 밀어붙였다. 단순히 잘될 거라는 예상이 아닌 확고한 믿음이 있었기 때문이다.

억지로 발을 들인 역도였지만 미란은 곧 발군의 기량을 펼치기 시작했다. 사람들의 기대와 칭찬 속에서 그녀는 자신감과 노력하면 된다는 믿음을 찾았다. 그렇게 역도를 시작한 지 2년 만에 미란은 동료들의 기록을 깨고 대회 신기록을 세웠고 국가 대표로 선발되어 태극마크를 가슴에 달았다. 사람들 앞에서 의기소침하고 주눅들었던 소녀는 더 이상 없었다.

"역도를 시작하면서부터 내 단점이라고 생각했던 부분들이

장점이 될 수 있다는 걸 발견했다는 게 가장 큰 변화예요. 역도를 하면서 없었던 자신감이 생겼어요. 남들 앞에서 말하는 게 너무 두렵고 자신 없었는데 역도를 하면서 워낙 무대에 많이 서다보니 그런 두려움들이 없어졌죠. 제가 열심히 하고 메달을 따고 인터뷰도 하다보니 '아, 이 운동이 부끄러운 게 아니구나' 하는 생각도 들었고요. 내가 자신 있게 뭔가 할 수 있는 것에 대해 좋은 모습으로 표현해야겠다는 생각을 하니 성격도 많이 밝아지고 자신감도 더 생겼던 것 같아요."

— 장미란

마음은 표현해야 전해진다

어머니는 아이들에게 하고 싶은 말이나 마음을 숨기지 않았다. 특히 글만큼 사람의 마음을 잘 전달해줄 수 있는 것은 없다고 생각해서 아이들에게 자주 편지를 썼다. 먹고 사느라 바빠 아이들보다 가게 일에 더 많은 시간과 힘을 쓰는 것 같아서 미안했을 때에도 그 마음을 고스란히 편지에 담았다. 용돈을 쥐어줄 때에도 달랑 돈만 건네는 것이 아니라 좋은 곳에 쓰라는, 아껴 쓰라는 당부를 글로 전했다.

그런 어머니의 편지는 결정적인 순간마다 장미란 선수에게 힘이 되어주었다. 그녀가 국가 대표 선수로 첫 출전한 2004년 아테네 올림픽 때였다. 큰 몸집에 실력까지 뛰어난 세계적인 선수들을 처음으로 본 장미란 선수는 긴장이 되고 위축이 되기 시작했다. 외국

선수들에게 치이지는 않을지 불안하기만 했고 그런 생각이 들수록 시합에 대한 두려움은 커졌다. 그녀는 숙소에 도착해 마음을 가라앉히려고 늘 보던 성경을 집어 들었다. 그리고 거기에 끼워져 있던 쪽지 하나를 발견했다.

꿈과 소망이 있는 사람은 죽지 않는단다. 많은 축복이 있지만 그중에서도 만남의 축복이 가장 큰 축복이라지. 우리 미란이는 세계의 인물이요, 세계가 무대이니 복된 사람을 많이 만나서 성공하는 큰 인물이 되기를 축복한다. 그중에 제일 먼저 만나야 될 분은 하나님임을 잊지 마라. (…) 하나님의 말씀이 너에게 도움이 되고, 방패가 되고, 너에게 힘이 되고, 복된 말씀이 되어 2004년 그리스 아테네올림픽에서 네가 많은 사람들에게 기쁨이 되고 한국을 빛내는 훌륭한 대한의 딸로 승리하기를 기도 드린다. 장미란 파이팅! 금메달 파이팅! 세계 신기록 파이팅!

　　　　　　　　　2001년 8월 25일 하루 전, 딸을 사랑하는 엄마가

3년 전 세계선수권대회에 나가게 된 딸을 응원하면서, 그때만 해도 먼 미래였을 올림픽 출전을 예상하고 선전을 기원한 편지였다. 미란은 그 편지를 보는 순간 거짓말처럼 걱정이 사라졌다. 이미 오래전부터 준비했던 무대였던 만큼 올림픽에서도 내가 지금까지 해왔던 대로 하면 된다는 자신감이 생겼다. 어머니의 기도가 큰 의지가 됐고, 그것이 혼자만의 믿음이나 염원이 아니고 어머니와 가족, 많은 사람들의 응원임을 느꼈다. 또 나는 충분히 할 수 있다는

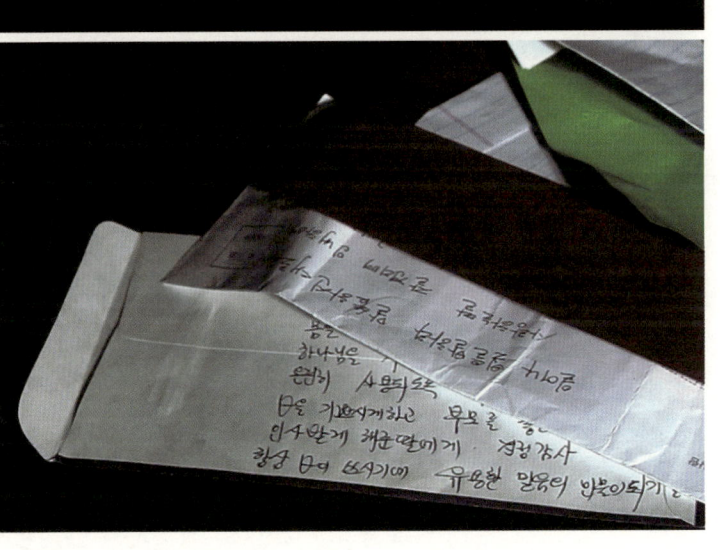

안도감도 느꼈다.

그렇게 올라선 올림픽 역도 경기에서 그녀는 2위를 기록하며 한국 여자 역도 사상 최초의 메달리스트가 되었다. 사람들의 뜨거운 기대와 관심은 그녀를 더욱 단단하게 만들었고 그녀는 아시안게임 우승, 카타르 도하 세계선수권대회 우승 등 세계선수권 대회 4연패의 위업을 달성한다. 한국 여자 역도의 간판 스타로 우뚝 선 것이다.

"운동이 늘 잘되는 것은 아닌데 어머니가 쓴 편지를 보면 큰 힘이 돼요. 그 편지는 어머니와 저만의 소통 방법이잖아요. 게다가 다른 사람이 아닌, 저에게 한없는 지지와 응원을 해주시는 분인 어머니가, 힘을 얻을 수 있도록 좋은 말씀을 해주시니까요. 운동을 하면서 힘들어서 불평불만이 생길 수도 있는데 그런 부분들이 싹 들어가게끔 그렇게 편지를 써 주세요."

– 장미란

진정한 아름다움은 내 안을 채우는 것이다

어머니라고 딸을 예쁘게 키우고 싶지 않았던 것은 아니다. 예쁜 옷을 입히고 내 딸이 공주처럼 컸으면 하고 바라기도 했었다. 하지만 그보다 더 중요한 것이 있다는 것을 어머니는 잘 알고 있었다. 외모보다 내면, 진정한 아름다움은 거기에서부터 나온다고 생각했다. 그리고 그것을 위한 첫 번째로 어머니가 자녀에게 강조했던 것이 나눔과 배려였다.

　미란이 초등학생이었던 시절에 어머니는 남매의 생일 파티를 할 때면 늘 보육원 아이들을 집으로 초대했다. 아이들이 떡볶이, 김밥 등을 먹으며 남매와 함께 어울려 실컷 놀고 나면 어머니는 아이들을 다 씻기고 새 옷으로 갈아입혀 보냈다. 모두 다 같은 친구인데 꺼릴 것이 어디 있으며, 사람 사이에 높고 낮음은 없다는 생각에서 나온 행동이었다.

　무엇보다 어머니는 긍정적인 사람이었다. IMF가 터지고 아버지의 공장이 문을 닫았다. 엎친 데 덮친 격으로 아버지가 인사 사고로 구속 수감이 됐고 생계는 어머니의 몫이 되었다. 어려운 상황에서도 어머니는 학습지, 도서 방문 판매와 같은 일을 열심히 했다. 단칸방이 딸린 작은 곰탕집을 열고 그날의 장사로 매일 돈을 갚아 나가야 했던 때에도 삶에 감사했다. 방문 판매를 다니던 시절에 비하면 작은 공간이라도 가족이 함께 지낼 곳이 있고 내 장사를 할 수 있다는 것에 그것을 고생이라 여기지 않았던 것이다. 미란과 그의 형제들 역시 그 시절을 힘들었다고 기억하지 않는다.

　"어머니는 늘 뭐든 열심이고 긍정적이세요. 지금 생각해보면 굉장히 힘들고 어려웠을 텐데 포기하지 않고 할 수 있는 걸 찾아서 열심히 하셨어요. 그렇기 때문에 우리가 그 상황에 대해서 비관적으로 생각하지 않았던 것 같아요. 동생들이랑 같이 도와드리면 덜 힘드실 거라고 생각하고 3남매가 힘을 합쳐서 열심히 집안일을 돕기도 했었어요. 가족들이 서로를 더 애틋하게 생각하고 배려했던 때였어요. 지금 생각하면 즐겁고

행복했어요." - 장미란

"당시 우리가 제일 힘든 건 아니었다고 생각했어요. 저희보다 더 어려운 사람도 있고 더 어려운 환경에서도 밝게 잘 지내는 사람들을 많이 봐왔고요. 그래서 항상 우리는 정말 행복한 사람이다 생각했죠. 부모님 두 분 다 계시고 가족 중에 아픈 사람 없고요. 불평불만을 말하기보다 감사하게 생각했죠. 남한테 베푸는 걸 좋아하시고 긍정적이고 재미있으셨던 부모님의 영향을 받은 것 같아요." - 동생 장미령

지금도 어머니는 매주 한 번씩 봉사 현장을 찾는다. 한평생 자식들을 거두느라 이제는 허물만 남은 노인들에게 따뜻한 한 끼 식사를 전하러 간다. 15년 가까이 여러 봉사활동을 해왔는데 그중에서도 최근 2년간 지속적으로 해온 일이다. 이른 아침부터 끼니도 거른 채 150인분의 식사를 준비하는 게 힘들 법도 하지만 어머니는 시치는 기색이 없다. 그런 어머니 곁에서 미란은 내 것을 남에게 나누어주는 법을 자연스레 배웠는지도 모른다. 지금도 어머니와 같이 봉사를 하면서 나눔의 기쁨을 새롭게 깨닫고 있다고 이야기한다. 받는 것보다 주는 것의 즐거움이 훨씬 더 크다는 것을 실제로 경험하고 있는 것이다.

재주가 덕을 앞서면 안 된다고, 기록이나 선수로서의 성공보다 중요한 것은 사람의 됨됨이라 가르쳐주었던 어머니. 미란이 비인기 종목 유망주들이 꿈을 가질 수 있는 사업을 소망했던 것은 그런 어머니의 가르침 덕분이었을 것이다. 미란은 현재 자신의 소망을 현

실로 만들어가고 있다. 은퇴 후 설립한 '장미란 재단'은 스물일곱 명의 선수들의 재능 기부와 함께 2012년 초 첫발을 내디디며 나눔의 삶을 시작했다.

"준비된 자에게 기회가 온다고 그러잖아요. 우리는 외적으로 역기를 들어 올리는 것만이 아니라 내적으로 갖춰야 할 부분들이 많이 있어요. 그런 것들은 준비해야 해요. 안팎으로 준비가 되어 있어야 힘이 되고 자신감이 생겨요." – 어머니 이현자

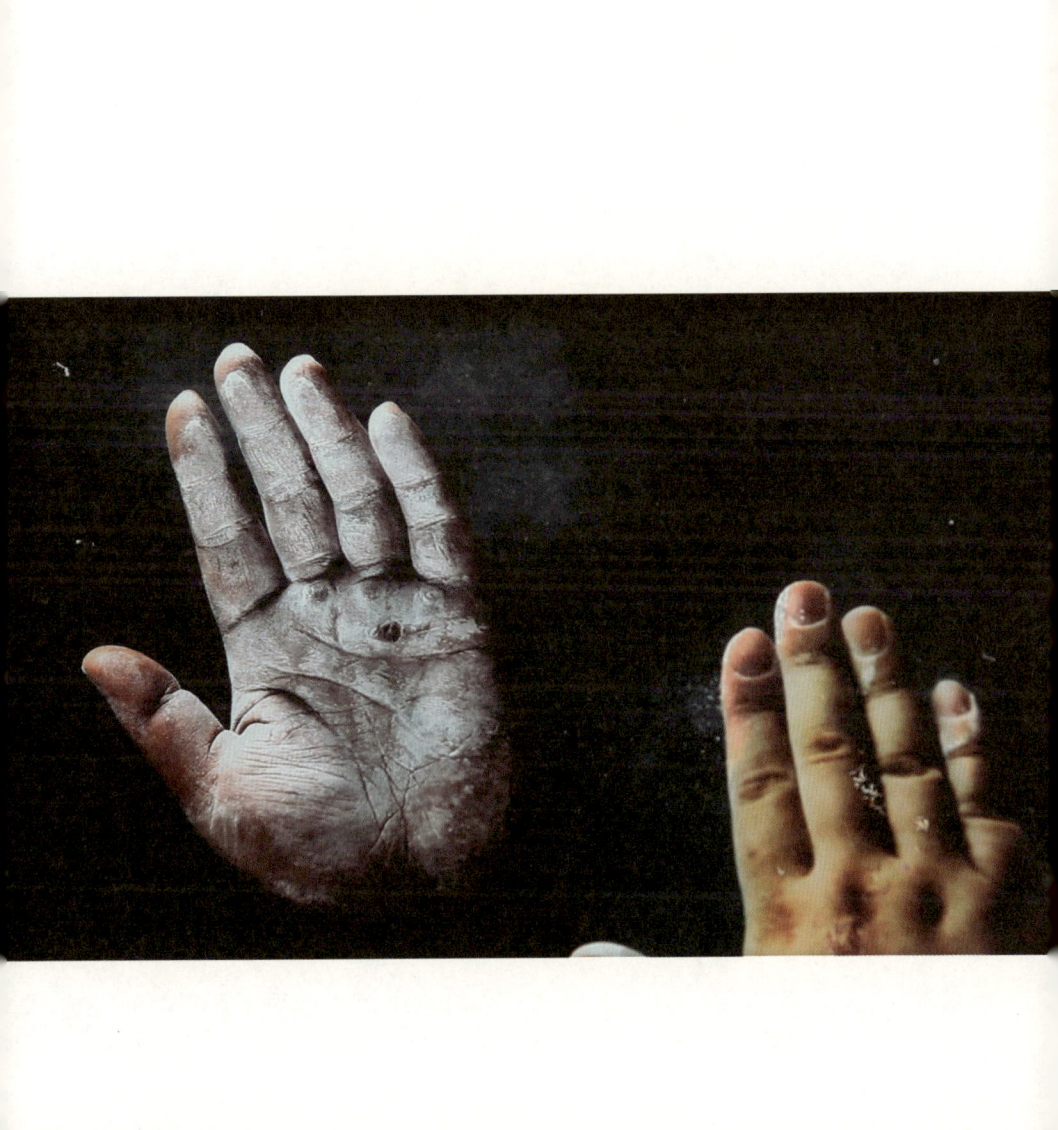

어머니에게
傳하다

어머니는, 자녀들에게 부모가 열심히 하는 모습을 보여주는 것이 산 교육이라고 생각한다. 부모의 뒤를 보면서 자란 자녀들은 결국 부모의 삶을 따라가거나 비슷한 모습으로 살게 된다는 이야기다. 우리도 부모가 잘 해야 자녀들도 잘된다고 말하곤 하지 않나. 어머니는 부모란 자식의 거울이 되어야 한다는 신념을 몇 마디 말이 아닌, 매 순간 성실하게 살아가는 생활인의 모습으로 보여주었다.

전 세계 60억 인구가 시청한 2008년 베이징올림픽에서 장미란 선수는 인간의 한계에 도전하며 한국 여자 역도 사상 최초로 세계 신기록을 세우며 금메달을 땄다. 여자 역도 75kg 이상급 인상 3차 시기에서 140kg을 들어올려 세계 신기록을 달성한 순간, 바벨을 힘차게 내려놓으며 무릎 꿇고 울면서 기도하던 그녀의 모습을 기억한다.

그 찬란한 영광의 순간 뒤에는 고통의 시간과 상처를 어루만져준 어머니가 있었음을 그녀는 잊지 않는다. 커다란 몸집에 평범한 얼굴, 늘 의기소침했던 열여섯 소녀에게 어머니는 바벨을 쥐어줬고, 어머니의 선택은 그녀의 운명을 바꿔놓았다. '잘 할 수 있다'는 자신감으로 꿈을 위해 노력할 때 누구보다 아름다운 사람이 될 수 있다는 걸 장미란 선수는 어머니를 통해 배웠다.

"지나온 날들을 생각해보니 어머니가 없었더라면 제가 이렇게 역도 선수로서 행복하지 못했을 것 같아요. 제가 역도를 할 수 있도록, 어머니가 많이 응원해주시고 용기를 심어주시고 도전할 수 있도록 기도해주셔서 정말 감사 드려요." - 장미란

맞춤형 자녀교육 포인트

자신감 없는 아이, 당당하게 키우기
: 유형별 자신감 키우는 방법

• 눈치를 보는 아이

유난히 다른 사람들의 눈치를 살피고 어른들에게 잘 보이려고 노력하는 아이가 있다. 부모 중에는 아이의 이런 태도를 별 문제 삼지 않다가, 아이가 커가면서 자기 주장이 약하고 자신감이 없게 느껴지면 "왜 넌 남의 눈치를 보니?"라고 비난하는 경우가 있다. 또 어떤 아이들은 겉으로는 순종적이고 배려심이 많고 단순히 소심한 것처럼 보이지만 속에 분노를 품고 있다가 갑자기 공격적인 행동을 하는 경우도 있어 부모가 놀라기도 한다.

눈치를 보는 행동은 아이가 부모에게 관심과 인정을 받기 위한 수단인 경우가 많다. 커가면서 자연스럽게 없어지기도 하지만 아이가 지나치게 눈치를 살핀다면 부모의 사랑과 인정을 받기 위해 아이가 자신의 욕구나 의견을 스스로 억압하는 것은 아닌지 살펴보아야 한다. 아이의 같은 행동에 부모가 다른 태도를 보이면 아이는 해도 되는 행동인지, 해서는 안 되는 행동인지 판단을 하지 못해서 혼란을 느낀다. 혹은 부모가 너무 엄격한 경우 부모의 마음에 들기 위해서 부모의 눈치를 살피기도 한다. 그런 태도가 자리잡으면 눈치를 보는 대상이 부모로부터 자신과 관계를 맺는 다른 사람들로 확대될 수 있다.

그러므로 부모는 아이를 대할 때 말과 행동을 일관되게 할 필요가 있고, 아이가 실수했을 때에는 비난보다 격려를 해주는 게 좋다. 결정을 내리기 어려워하고 자꾸 부모나 주변 사람들의 눈치를 살핀다면, 평소 무엇인가를 선택할 기회를 자주 만들어주는 것도 좋은 방법이다.

• 수줍음이 많은 아이

수줍음이 많아서 다른 사람 앞에 잘 나서지 못하는 아이가 있는데, 수줍음과 자신감은 별개의 문제다. 평소에 수줍어하거나 얌전해도 자신감이 있는 아이도 있는가 하면 반대로 수줍음은 없는데 자신감이 없는 아이도 있다. 아이가 지나치게 숫기가 없으면 사회생활이 어렵기 때문에 부모로서 걱정스러울 수밖에 없다. 친구를 사귈 때에도 시간이 오래 걸리고 다른 사람들과 협동해야 하는 일에도 적극적이지 못하기 때문이다.

수줍은 성격은 기질적으로 타고나는 면이 크기 때문에 단시간에 바뀌지는 않는다. 그래서 부모가 무턱대고 조급하게 아이를 몰아붙이면 아이에게 부정적인 자아상이 형성돼 자신감까지 상실할 수 있다. 그러므로 아이의 사회적 관계를 조금씩 천천히 늘려가는 게 좋다. 친구를 사귈 때에는 구성원이 많은 단체 활동보다 한두 명 정도의 작은 그룹에 어울리게 하여 아이가 적응할 때까지 기다리고, 그 후 조금씩 관계를 넓혀가는 것이 좋다. 아이가 편하게 느끼는 집이나 공원 등 좋아하는 장소를 이용해 부담을 덜 느끼도록 하는 것도 방법이다.

- **"난 못해"라는 말을 달고 사는 아이**

어떤 일이 주어질 때마다 "난 못해" "배 아파" "머리 아파" "엄마가 해 줘"라며 금세 포기하거나 다른 상황으로 화제를 돌리는 아이들이 있다. 수업 시간에 글이 좀 많거나 어렵다고 책을 덮어버리는 것도 같은 경우다. 이런 아이들은 자신이 할 수 있는 일은 아무것도 없다고 생각하고 시도조차 하지 않으려고 한다. 바로 자신감이 부족한 아이들의 특성이다.

이런 경우에 부모는 자신이 아이를 과잉 보호하여 아이 스스로 이룬 성공이나 실패 경험이 없는 것은 아닌지, 혹은 아이의 실수를 용납하지 못하고 아이를 자주 혼내서 그런 것은 아닌지부터 살펴봐야 한다. 이런 아이는 잠재된 능력이 있어도 자신은 못한다는 부정적인 생각이 뿌리 깊게 자라 스스로 도전하기를 두려워하게 된다.

진정한 자신감은 자신이 잘 할 수 있다는 확신에 부모가 나를 사랑하고 믿어주고 있다는 확신이 덧붙여질 때 생긴다. 아이가 조금이라도 나아지려는 모습을 보일 때에는 적극적으로 칭찬을 하거나 격려를 해서 아이가 긍정적인 생각을 갖고 성취감을 느끼도록 하는 게 중요하다.

아이가 잘 하는 일을 상기시키고 스스로 할 수 있도록 유도하는 것도 한 방법이다. 아이가 자신감을 잃는 것은 부정적인 반응을 두려워해서다. 그러므로 실패하더라도 두려워하지 않도록 격려하고 다시 도전하도록 격려하는 것이 중요하다. 부모가 아이가 좋아하는 일, 잘 하는 일을 골라 스스로 직접 나설 수 있도록 만들어주는 것도 좋다.

03

그 사람, 조세핀 킴은…

하버드대 교육대학원 교수이자 정신건강 상담사. 대학 내 폭력문제 전문가로 한국 이름은 '김명화'이다. 2007년 미국 버지니아 공대에서 발생한 재미동포 학생의 총기 난사 사건의 자문위원으로 활동했던 당시, 범인의 자존감이 낮을 거라는 분석으로 큰 주목을 받았다. 미국의 리버티대에서 커뮤니케이션학을 전공했으며, 버지니아 주립대에서 상담가 교육 및 감수로 박사 학위를 취득했고, 하버드대 교육대학원에서 포스트 닥터 과정을 밟았다. 17년 동안 여러 나라의 부모와 아이들을 연구하면서, 어려서 형성된 자존감이 아이의 내면을 건강하게 키우는 핵심 키워드라는 사실을 깨닫고, 미국과 한국은 물론 전 세계를 오가며 자녀교육으로 고민하는 부모와 그 아이들을 상담해오고 있다. 2008년 EBS에서 방영된 〈다큐프라임– 아이의 사생활〉 4부작 가운데 '자아존중감' 편에 출연해 유아의 자존감의 중요성을 강조했다.

하버드대 교육대학원
조세핀 킴 교수의

자존감

그리고 어머니 주견자

조세핀 킴 교수를 키운 어머니의 교육 철학

· 말로 아이를 기죽이지 마라
· 부모의 자존감이 곧 아이의 자존감이다

40점을 맞고서도 당당했던 아이

조세핀 킴 교수는 서울의 판자촌에서 교회 목사로 활동하던 부모님 밑에서 자랐다. 가난한 동네의 교회에는 부모님이 돌봐야 할 사람들이 많았고, 그 때문에 그녀의 초등학교 성적은 신통치 않았고 받아쓰기에서 40점이라는 점수를 받아오기도 했다. 그러나 자기 책상을 가져보지 못했을 정도로 넉넉하지 못한 상황 속에서도 그녀는 구김살 없이 당당했다. 그러던 어느 날 그녀의 아버지가 신학 공부를 하고자 미국으로의 이민을 결심한다. 조세핀이 여덟 살 때였다.

조세핀과 형제들이 낯선 언어와 문화에 적응하기 어려웠던 것은 당연한 일이었다. 공부를 하는 아버지 대신 어머니가 실질적인 가장이었고 미국에서도 경제적 형편은 나아질 수 없었다. 때로 동양에서 온 어린 여자아이라고 무시와 멸시를 받기도 했다. 조세핀은 분했고 오기가 생겼다. 그런 상황 속에서 주위 시선에 지지 않으려 노력했지만 미국 생활이 익숙해질수록 정체성의 혼란을 겪었다.

하지만 그녀는 미국인들에게 따돌림을 당했을 때에도, F학점을 받았을 때에도 기죽지 않았고 포기하지 않았다. 끝내 미국에서 전 과목 A학점을 받을 만큼 학업적인 성과를 이루기도 했다. 그뿐만 아니라 한국을 떠난 지 4년 만에 아버지를 따라 한국으로 돌아왔을 때에는 일반 학교가 아닌 외국인 학교에 들어가 영어 과외로 학비를 벌어 학교를 다니기도 했다. (그녀는 이미 미국 생활이 익숙해져 있었기 때문에 다시 한국으로 돌아올 때는 외국인 학교를 선택했다.) 3년 후 열여섯 살 무렵에는 자신보다 훨씬 나이 많은 변호사나 의사들을 상대로 영어 수업을 하기도 했다. 학교를 조기 졸업하기 위해서

농구, 배구, 드라마, 학생회 등 여러 가지 부 활동에 적극적으로 참여하였고, 그런 활동들 때문에 공부할 시간이 모자라자 통학하는 지하철에서 집중해서 공부하는 비법을 택했다. 그렇게 고등학교와 대학교를 조기 졸업해서 서른 살에 대학교수가 되었다.

이런 것만을 주목해보면 마치 그녀가 영재처럼 여겨지지만 처음부터 그런 아이였던 것은 아니다. 초등학교 때 그녀는 열 문제 중 겨우 네 개를 맞추고 가르쳐준 것에서 조금만 바꾸면 모르던 아이였다. 어린 나이에 한국과 미국의 낯선 환경에서 생활을 해야 했기에 정체성의 혼란을 겪기도 했다. 그럼에도 불구하고 조세핀 킴 교수는 어떻게 지금과 같은 모습으로 성장할 수 있었을까? 그녀는 그 비밀을 어머니가 올바로 세워준 '자존감'에서 찾았다.

"자존감은 기초적인 기반이라고 얘기할 수 있어요. 그 위에 아무리 좋은 학력을 쌓고, 많은 경험을 더 해도 자존감이 흔들리면 쉽게 무너질 수 있죠. 하지만 이 기반이 딱 잡혀 있으면 위에 무엇이 쌓여도, 위의 것들이 흔들려도 끄떡없어요. 자존감은 그런 것이죠. 저 역시 어려움을 많이 겪었어요. 그럼에도 어떻게 잘 이겨낼 수 있었을까 생각해보면 자존감 때문이었구나 싶어요. 그걸 저희 어머니가 세워주셨죠." - 조세핀 킴

말로 아이를 기죽이지 마라

어릴 적 조세핀은 자기 주장이 강한 소녀였다. 괄괄한 성격에

오빠한테도 절대 지지 않으려 해서 종종 말싸움으로 이어지기도 했다. 형제간의 다툼에 유난히 엄격했던 어머니가 아이들을 그냥 두고 볼 리는 없었다. 그러나 어머니는 아이들을 무턱대고 혼내지 않았다. 화가 날 것 같으면 찬물을 삼키고 화를 가라앉힌 다음, 아이들에게 "아이고, 이 복 받을 녀석! 복 받을 딸아, 부자가 될 아들아!"라고 말하곤 했다. 그러면 남매는 웃었다. 그 말 속에 담긴 어머니의 마음을 알기에 아이들도 서로 미안해하며 화해했다. 또 아이들에게 조금이라도 나쁜 말은 하려고 하지 않았다. 말의 힘을 믿었기 때문이었다. 그랬기 때문에 화가 나거나 속이 상하는 일이 생겨도 그 마음 그대로 말하는 대신 찬물을 들이키고 먼저 감정을 가라앉혔다.

지금은 세계 명문인 하버드대 교육대학원의 교수이지만 초등학생 시절 조세핀의 학교 성적은 썩 좋지 않았다. 한번은 조세핀이 학교에서 받은 40점짜리 시험지를 어머니에게 내밀었다. 절반도 채 맞지 못한 점수였으니 어머니는 몹시 속이 상했다. 내 딸이지만 어떻게 이렇게까지 공부를 못 할 수 있을까 싶었다. 하지만 이럴 때 아이의 기를 죽이면 공부를 정말 재미없어 할지도 모른다고 생각했다. 그리고 만일 점수 때문에 아이를 책망한다면 비슷한 일이 생겼을 때 아이가 그 일을 숨기거나 점수를 고칠 수도 있다는 생각이 들었다. 그래서 어머니는 여느 때와 마찬가지로 마음을 가라앉힌 다음 조세핀에게 이렇게 말했다.

"와, 네 개나 맞았어? 다음에는 더 잘 할 수 있을 거야. 다음에는 다섯 개에 도전해보자."

그런데 다음 날 학교에 간 조세핀은 시험에서 하나밖에 틀리지 않은 친구가 100점을 맞지 못했다고 집에서 매를 맞고 풀이 죽어 있는 것을 보게 됐다. 조세핀은 그 친구를 이해할 수 없었다. '아홉 개나 맞았는데 왜 슬퍼하지? 나는 네 개밖에 못 맞았는데?' 조세핀은 집에 돌아와 어머니에게 물었다.

"엄마, 이상해. 내 친구는 한 개 틀렸는데 매를 맞았대."
"그 엄마가 좀 이상하네. 어떻게 사람이 열 개를 다 맞아?"

어머니는 늘 그런 식으로 아이의 있는 그대로의 모습을 인정해 주고 기를 북돋아주었다. 어머니의 말은 조세핀에게 다음에는 더 잘 할 수 있다는 자신감을 길러줬다. 실패했을 때에도 좌절하기보다 다음을 바라볼 수 있는 힘의 바탕이 됐다. 또한 어머니가 아이를 인정하고 칭찬해주었기에 아이와 부모 사이에 비밀은 없었다.

대부분의 부모가 아이가 잘 하고 못 하는 것의 기준을 다른 사람에게 맞춘다. "저 애보다는 잘 해야 돼." "1등은 못해도 ○○보다는 잘 해야 내가 걔네 엄마 앞에서 얼굴을 들지"라는 식이다. 혹은 형제끼리 비교하는 경우도 있다. 서로 잘 하는 것이 다를 수 있음에도 아이에게 모든 것에서 일정 수준 이상을 강요한다. 때로는 키나 생김새 같은, 아이가 선택할 수 없는 부분, 노력으로 해결할 수 없는 부분까지 못마땅해하는 경우도 있다. "우리 애는 코가 너무 낮아" "키만 좀 크면 좋을 텐데" 하는 식의 무의식적인 말 역시 아이에게는 상처로 남는다. 우리는 육체적인 학대만을 폭력이라고 생각하지만 상처가 되는 언어 또한 심각한 폭력임을 인지해야 한다.

부모의 자존감이 곧 아이의 자존감이다

조세핀 킴 교수는 아이의 자존감 형성에 있어 부모의 자존감이 중요하다고 강조한다. 많은 쌍의 부모와 12살짜리 아이들을 대상으로 조사한 바에 따르면, 부모의 자존감과 아이의 자존감이 닮아 있더라는 것이다. 그녀의 말에 따르면 아들은 아버지의 자존감을, 딸은 어머니의 자존감을 닮는다고 한다. 아이는 부모를 보면서 자신에 대해서 알게 되고 부모의 자존감의 영향을 받는데, 자신 역시 어머니의 자존감이 상당히 높았기 때문에 지금의 그녀가 될 수 있었다고 이야기한다.

"체크 리스트를 두고 실제 데이터를 내보기도 했어요. 저희 어머니는 실패했을 때 '나는 왜 이것밖에 못 하지?'라는 모습을 보이신 적이 없어요. '뭐 이럴 수도 있지. 이번에는 이걸 잘못한 것 같네. 다음에는 그걸 고치면 훨씬 좋은 성과가 나올 것 같아.'라는 쪽이죠. 그리고 항상 웃으시고 유머 감각도 뛰어나요. 또 실패하거나 어려운 일이 있을 때에도 가볍게 넘어가요. 그만큼 잘 하는 부분에 있어서는 스스로 인정을 하죠. '난 내가 봐도 참 잘 했어' 하고." - 조세핀 킴

미국 이민을 떠나와서 공부하는 아버지 대신 다섯 식구의 생계를 책임진 건 어머니였다. 어머니는 낮에는 아이들 곁을 지키고 밤에 일을 하며 생활비를 벌었다. 베이비시터를 쓰고 낮에 일을 하면 될 일이지만 그 비용을 감당할 수 없었다. 잠도 제대로 못 자고 밤

을 새는 날들의 연속이었다. 그러나 삶을 짓누르는 부담 속에서도 어머니는 힘든 내색을 하지 않았다. 오히려 늘 웃음으로 아이들을 대했다. 또 가난에 마음까지 짓눌리지 않도록 아이들이 특별한 사람임을 강조했다. 부모이므로, 할 수 있는 것은 당연히 최선을 다해서 해야 한다고 생각했기 때문이었다.

조세핀 교수가 자주 듣는 말 중 하나가 표정이 좋다는 말인데, 그것은 그녀가 타고나거나 노력으로 만든 것이 아닌 부모를 보고 배운 것이다. 어머니는 늘 웃는 얼굴이었고 아버지의 얼굴도 언제든 나한테 와서 이야기해도 된다고 말하고 있었다. 그녀는 이런 것들이 가정이라는 따뜻한 울타리를 만든다고 말한다. 집이 언제든 돌아와 쉴 수 있는 공간이 되고, 부모가 든든한 버팀목이 되어준다고 아이들이 느끼게끔 만들어준다는 것이다.

"아이들에게 잘 못 해줘서 너무 마음이 아팠지만 미안하다고 말하고 싶진 않았어요. 마음으로는 울었지만 아이들 앞에서는 울지 않았어요. 그러면 아이들이 가난이라는 것에 압도당할 것 같아서, 대신 너희는 정말 특별한 사람이라고 말해줬어요. 아버지가 목사님인 것도 특별하다고요. 중요한 건 주어진 환경에서 최선을 다하는 거예요." – 어머니 주견자

자존감이란 자신에 대한 신념의 집합이다. 내가 어떤 사람인지 스스로 아는 것이고, 특히 내가 사랑 받을 만한 사람이라는 것을 깨닫는 것이다. 자존감이 낮고 우울증이 있는 사람은 사회성이 없어서 다른 사람과 잘 어울리지 못한다. 유명 대학의 석사, 박사라

도 대화가 안 통하고 다른 사람들과 어울리지 못하는 것도 그런 이유다.

조세핀 교수는 강의를 할 때 우울증에 걸린 아이를 선인장을 안고 있는 아이에 비유한다. 선인장을 꽉 껴안으면 따끔한 가시가 온몸을 콕콕 쑤시고 상처가 생기듯, 우울증 또한 남을 해치지는 않아도 자신을 해칠 수 있음을 빗댄 것이다. '난 이것밖에 안 돼. 그러니까 아예 시도조차 하지 말자' '그럴 바엔 차라리 포기할래' '내가 해봤자 그것밖에 안 되지'라는 부정적인 생각들은 스스로를 해친다. 아이의 이런 부정적인 생각들은 어디서 왔을까? 아마도 아이와 가장 많은 시간을 보낸 부모에게서 왔을 것이다.

하버드대의 재학생 중 스스로 행복하다고 생각하는 학생들이 부모에게 가장 자주 듣는 말은 "다 괜찮을 거야(Everything is going to be okay)"라는 말이라고 한다. 지금은 어렵지만 네가 잘 이겨낼 것을 믿는다는 말은 아이의 높은 자존감으로 연결된다. 그런데 한국 학생들의 경우, 부모에게서 가장 자주 듣는 말이 "가서 공부해"라는 말이라고 한다. 자식이 성공하기를 바라는 부모의 마음이라는 것을 모르는 건 아니지만 대한민국 부모의 아이 사랑은 유별나다. 미국의 부모는 한국의 부모와 달리 아이를 자신과 다른 별개의 독립된 인간으로 받아들인다.

반면 대부분의 한국 부모들은 아이를 자신의 일부분으로 받아들이는데, 문제는 여기서부터 비롯된다. 아이를 자신의 일부로 생각하면 부모는 아이의 실패를 부모 자신의 실패로 받아들여 절대 용납하지 못한다. 아이의 실수를 1년이 지난 뒤에도 되새긴다. 심한 경우에는 장애를 가지고 태어난 아이를 보고 '나 같은 사람이 어떻게 너 같은 아이를 낳았지?' 하며 용납을 못 하고 아이를 외면하는 부모도 있다. 부모의 도움이 가장 절실한 때에 부모 자신이 아이에게 필요한 도움을 주지 못하는 것이다.

자존감은 신체상과 83%, 자아상과 67%, 공감대와 83%, 리더십과 100%, 성취도와 83%의 일치율을 보인다. 무슨 말인가 하면, 자존감이 높은 아이는 자기의 신체에 대한 만족도가 높고, 공감 능력이 뛰어나며, 리더십이 탁월하다. 다른 사람의 어려움에 공감하는 능력이 뛰어나기 때문에 다른 아이를 따돌리는 일이 드물다. '내가 이 아이를 왕따시키면 그 아이가 어떤 느낌일까?'를 먼저 생각하기 때문이다.

반면 자존감이 낮은 아이들은 "저랑 상관 없어요" "몰라요"라는 말을 항상 달고 다닌다. 제일 좋은 게 무엇인지 물어도 "몰라요"라고 대답하고, 내일 시험이냐고 물어도 "상관없어요"라고 대답한다. 정말 몰라서 그럴 수도 있고, 관심이 없어서 하는 말일 수도 있지만 속을 들여다보면 자존감이 낮아 실패를 두려워하는 데에 그 이유가 있다.

아이에게는 부모가 최초로 관계를 맺는 대상이기 때문에 아이에 대한 부모의 태도가 아이의 자존감 형성에 기반이 될 수밖에 없다. 아이에게 튼튼한 자존감을 만들어주고 싶다면, 내가 아이에게 어떤 부모인가를 되짚어보아야 하는 이유가 여기에 있다.

어머니에게 傳하다

조세핀 교수의 어머니는 "너 같은 딸이 나한테서 나왔다는 것이 참 신기할 정도로 감사해"하고 남들은 쑥스러워서 자녀에게 잘 하지 않는 말들을 그녀에게 자주 해주었다. 이런 어머니의 따뜻한 말에 조세핀 교수는 앞으로 더 잘 해야겠다는 마음이 들었다고 한다. 어머니는 아이에게 문제가 생기면 직접 문제를 풀어주는 대신 문제를 풀어낼 수 있는 힘을 주었고, 스스로가 사랑스럽고 믿을 만한 사람이라는 사실을 자꾸 인식시켜주었던 것이다. 어머니에게 넘치는 사랑과 응원을 받은 조세핀 교수는 강의 때마다 어머니들에게 아이를 있는 그대로 사랑해달라는 당부를 잊지 않는다. 아이를 지지하고 응원하는 건 아이를 위한 일이기도 하지만 부모를 위한 일이기도 하기 때문이다.

"어머니는 저의 영원한 치어리더이자 응원자죠. 어려울 때나 슬플 때, 기쁠 때에도 가장 먼저 달려가 내 감정을 나누고픈 분이에요. 어머니 생각만 하면 언제나 마음이 편안해지고 포근해져요. 어머니는 늘 제가 본받고 싶은 대상이 되어주셨어요." - 조세핀 킴

맞춤형 자녀교육 포인트

자존감 있는 부모, 자존감 있는 아이를 위한 조세핀 킴 교수의 조언

준비 자존감 있는 부모가 되기 위한 방법
: 부정적인 생각은 그만하자

다이어트를 결심한 첫날, 아침으로 도넛을 먹었다. 그러면 대부분은 "오늘 아침 도넛을 먹었으니 망했어!"라고 울상을 짓는다. 이것은 극단적인 흑백 논리다. 그보다는 "오늘 아침 도넛을 먹은 건 잘못한 거니까 점심에는 건강한 샐러드로 먹어야지"라고 생각하면 된다. 우리는 보통 '좋아 죽겠다' '싫어 죽겠다' '배불러 죽겠다' '배고파 죽겠다' '재미있어 미치겠다' '재미없어 미치겠다' 등 매우 극단적인 표현을 자주 사용한다. 그런데 이런 부정적인 말은 부정적인 행동을 낳는다.

긍정적인 생각을 하기 위해서는 우선 자기 자신을 격려하는 일이 필요하다. 집안 청소를 하고 나서 자신이 어깨를 다독이면서 "청소 하느라 힘들었지?" "힘들었을 텐데 잘 견뎌줬어"라는 식으로 자신에게 격려의 말을 해보자. 남에게는 칭찬을 해주면서 자신에 대한 칭찬에 인색할 필요는 없지 않은가.

그리고 부모도 실수할 수 있다는 점을 인정하자. 사람이라면 누구나 다 실수를 한다. 실수를 인정한다는 것은 자신을 용서한다는 뜻이다. "그래, 내 실수야"라고 하면 그 이후에 스스로 배우고 실수하지 않도록 주의하게 된다. 노력만으로도 충분하다. EBS 〈60분 부모〉에서 방송된 내용에 따르면 자존감을 높이는 방법으로 다음과 같은 다섯 가지를 제안한다.

1. 바꿀 수 없는 현실은 받아들이자

: 내가 나를 바라보는 시각을 바꾸어야 한다. 외모나 체형, 가정 환경 등 선천적인 조건은 내가 바꿀 수 없는 것들이다. 그것에 대해 불만을 품기보다 인정하고 나면 마음에 평화가 온다. 현실을 인정하는 것이 열등감을 치료하는 시작이다. 과거의 아이의 시각이 아닌 현재 어른의 시각으로 나 자신을 바라보아야 한다.

2. '공사 중'인 자신을 인정하자

: 인생은 언제나 공사 중이다. 완벽한 상태라는 것은 없다는 이야기다. 언제나 과정에 있는 내 인생을 인정하지 않고 완벽한 나를 기대하면 열등감이 발생한다. 그러니 자신을 가혹하게 비난하지 말고 다듬어진 후의 자신의 모습을 기대해야 한다.

3. 완벽주의의 위장을 벗어버리자

: 열등감이 심한 사람들은 자신이 완벽해야 하고 모든 사람들에게 인정받아야 한다고 생각한다. 그러나 세상에 완벽한 사람은 없다. 누구나 완벽을 위해 나아가는 과정에 있을 뿐이다. 그러므로 완벽한 인물로 보이려는 노력은 그만두는 것이 좋다.

4. 타인의 평가에 나를 맡기지 말자

: 어떤 사람도 완벽하지 않기 때문에 그 누구도 나에 대해 정확히 평가

해줄 수 있는 능력이나 권한은 없다. 그러므로 나 자신에 대한 타인의 평가는 받아들일 만한 내용이 아니라면 동요될 필요가 없다.

5. 자기 위로 기능을 활용하자
: 자기 위로 기능은 어릴 때 엄마에게 위로를 받은 경험이 많은 사람일수록 강하다. 어려서 위로를 받은 경험이 쌓여 인생의 힘든 순간에 그 기능을 발휘하게 되는 것이다. 조용한 곳에서 혼자 "내가 자랑스럽다"라고 스스로에게 말해보는데, 그때 마음속에서 자신에 대한 비난의 소리가 들린다면 그것에 위축되지 않고 "그래도 나는 내가 자랑스럽다"라고 말해본다. 마음속 깊은 곳에서 나를 긍정하는 소리를 잘 잡아야 하는데 그것이 바로 자기 위로의 소리이다. 사람 마음속에는 자기 위로의 소리와 자기 비난의 소리가 있는데 대체로 비난의 소리가 훨씬 더 크다. 그런데 비난의 소리가 우리를 압도할 때 자존감은 무너지므로 비난의 소리를 제압하고 자기 위로의 소리에 더 귀를 기울여야 한다.

실천 자존감 있는 아이로 키우기 위한 방법
: 근거 있는 칭찬을 하자

칭찬에도 기술이 있다. 자존감을 키우기 위해서는 근거 있는 칭찬을 해야 한다. 한 아이가 서툰 솜씨로 그림을 그렸다. 무엇이 나무이고, 무엇이 사람인지 분간이 안 되는 그림을 보고도 부모는 "와아, 잘 그렸네"라고 칭찬을 한다. 왜 칭찬을 하는지 모르는 칭찬은 의미가 없다. 그러므로 과정을 포함해 칭찬하자. "네가 그림 그리는 걸 한 시간 동안 지켜봤는데, 열심히 그림을 그리는 모습에 감동 받았어." "늦게까지 손님이 있어서 네가 오늘 아침에 쓰레기를 내놓기 참 힘들었을 텐데, 오늘 아침에도 네 책임을 다 했구나. 정말 고맙다." 등등. 이렇게 근거를 가지고 과정을 칭찬하면 아이는 신이 나서 더 하고 싶어 한다. 결과는 열심히 하다 보면 얻게 되어 있다.

옆집 아이나 형제와 비교하는 건 지양해야 하지만 칭찬할 때에는 비교하는 것도 좋은 방법이다. 예를 들어 "누나는 수학을 잘 하는데 넌 왜 수학을 못 해?"가 아니라 "누나는 수학을 잘 하는데, 너는 국어를 잘 하는구나" 하는 식으로 비교 대상 모두에게 기분 좋은 칭찬을 하는 것이다. 부정적인 비교는 상처를 주지만 긍정적인 비교는 아이의 자존감을 높인다.

EBS 〈60분 부모〉에 소개된 내용에 따르면 아이의 자존감을 높여주는 부모의 태도에는 다음의 다섯 가지가 있다고 한다.

1 부모는 아이의 상황이나 수준에 관계없이 아이를 보듬고 사랑해줘야 한다. 예를 들어 "너 ~이러면 ~이렇게 한다"라는 식으로 어떤 상황에 조건을 다는 표현은 지양해야 한다.

2 부모가 느끼는 감정을 자세하게 표현해주는 게 좋다. 아이가 만약 성적이 잘 나오지 않았다면 "이래서 대학 문턱이나 밟아보겠니?"라고 비난하기보다는 "대학에 가려면 ~정도의 성적이 필요하다는데 엄마는 걱정이 된다" 혹은 "염려가 된다"라는 식으로 표현해주는 것이 좋다.

3 부모도 사람이기 때문에 가끔 아이가 심한 잘못을 저지르면 격한 감정을 참을 수 없을 때가 있다. 그런 경우 과도한 표현으로 아이에게 불필요하게 상처를 줄 수가 있다. 그런 경우에는 아이에게 왜 화가 났는지 설명을 해주고 심하게 화를 냈다면 사과한다.

4 아이와 소통을 할 때에 지나치게 설득을 하거나 아이를 비난하는 것은 옳지 않다. 또한 어떤 문제를 해결할 때도 아이가 직접 실패도 하면서 그 경험을 통해 스스로 성공을 하고 성취감을 이룰 수 있도록 해주어야 한다. 만약 아이의 실패를 용납하지 못하고 성공만을 위해 지속적이고 지나치게 교육을 시키면 아이는 실패에 대한 두려움이 커지고 자존감은 낮아지게 된다. 따라서 지나친 설득이나 교육, 비난은 지양하고 아이의 감정을 그대로 수용하고 공감해주어야 한다.

5 아이에게 바라는 것이 나의 기대인지, 아니면 욕심인지 고민해볼 필요가 있다. 예를 들어 아이가 나가 놀고 싶어하는데 자신은 그보다 문제지를 더 풀어야 한다고 목표를 세운다면 그것은 아이에 대한 기대가

아니라 엄마의 욕심이다.

++ 5가지 방법을 실천하기 위한 기본적인 부모의 태도

1 아이의 말을 끊지 않는다.
2 타인 앞 특히 동생 앞에서 나무라지 않는다.
3 시행착오는 스스로 해결하도록 한다.
4 결과보다는 과정을 중시한다.
5 칭찬은 구체적이고 즉각적으로 해준다.

04

그 사람, 오준호는…

한국과학기술원(카이스트) 기계공학과 교수이자 휴머노이드 로봇 '휴보(HUBO)'의 아버지. 미국 버클리대에서 박사 학위를 받은 뒤 카이스트 기계공학과 교수로 재직하면서 줄곧 로봇 연구를 해왔다. 그리고 그 결실로 보인 것이 한국 최초의 인간형 로봇인 휴보. 2001년에 개발을 시작해 3년 만에 국내 순수기술로 만든 로봇이다. 이 로봇은 시속 1.25km의 속도로 걸을 수 있고, 41개의 모터로 손가락 5개를 모두 움직일 수 있을 만큼 성능이 뛰어나 전 세계적으로 인정받았다. 그리고 이를 기술적으로 개량하고 결집시켜 2012년에는 휴보2를 선보였고, 뒤이어 비보이처럼 춤추는 로봇 등 사람의 모습에 더 가까운 로봇을 만들고 있다. 이러한 공로를 인정받아 2009년에는 '대통령상'을, 2010년에는 '카이스트 연구대상'을 수상했다

세계적인 로봇박사 오준호 교수의

호기심

그리고 어머니 김현자

우줄흐 교수를 키운 어머니의 교육 철학

· 호기심에 날개를 달아줘라
· 스스로 깨닫게 하라

소심해서 늘 혼자였던 아이

교육자인 부모님이 결혼 3년 만에 얻은 장남인 오준호 박사는 유난히 호기심이 많았다. 신기한 것을 보면 시간 가는 줄 모르고 몰두했던 아이였다. 울다가도 장난감을 주면 울음을 멈췄고, 장난감을 가지고 만져보고 분해해보고 조립을 해봐야 직성이 풀렸다. 단순한 인형은 거들떠보지도 않으면서 저절로 눈을 감고 뜨는 인형에는 굉장한 관심을 보였다. 움직이는 원리가 궁금했던 것이다.

반면 그는 친구들과는 어울리지 못했다. 유치원에 다닐 무렵에는 유치원에 가도 어머니에게서 떨어지지 않으려 했고 엄마가 보이지 않으면 구석에서 밥도 먹지 않고 끝날 때까지 버텼다. 요즘으로 치면 자폐아로 의심이 될 정도였다. 아들에게 사교성을 길러주고 싶었던 어머니의 바람과 달리 아이는 늘 혼자였다.

대신 한강까지 날아가는 연을 만들기도 하고, 연에 화약을 매달아 하늘에서 터뜨리는 등 위험해 보이는 장난을 하기도 했다. 발명가가 꿈이었던 아버지는 아이들을 말리지 않았고, 어머니 역시 아이들을 나무라지 않았다. 이것저것 만들고 고치는 걸 좋아했던 아버지 곁에서 오준호 박사 형제는 아버지의 조수가 되어 재미있게 놀곤 했다.

어머니는 아이를 바꾸려는 대신 준호의 초등학교 담임 선생님에게 아이의 그런 장점을 알려주었다. 준호가 과학에 소질이 있다는 걸 안 선생님은 과학 시간에 준호에게 발표를 시켰고 아이는 아는 대로 열심히 대답을 했다. 새빨개진 얼굴로 사과를 들고 지구 주위를 도는 달을 설명하던 준호는 꼬마 박사로 통했다. 그를 좋아

하는 친구들이 생겼음은 물론이다.

그 이후에 아이의 호기심에 제동을 거는 사람은 없었다. 중학생이 된 준호는 방 대신 벽에 구멍을 뚫는가 하면, 책 대신 쇳덩이와 전기선으로 방을 가득 채웠다. 무엇이든 만지고 조립하는 것을 좋아하던 준호는 결국 기계공학을 전공하고 로봇 박사가 되었다.

호기심에 날개를 달아줘라

오준호 박사는 어릴 때부터 새로운 걸 보면 '사고 싶다' '갖고 싶다'라고 생각하는 대신 '만들고 싶다'고 생각했다. 움직이는 것에 흥미를 느꼈기 때문에 장난감 자동차도 직접 만들어봐야 하고, 전축이나 무전기, 비행기도 직접 만들어봐야 직성이 풀렸다. 움직이는 것이나 생소한 장치들을 보면 늘 그 원리가 궁금했다. 친구들과 어울리는 것보다 기계를 만지고 뜯어보고 조립하는 게 준호의 놀이였다. 어머니는 그런 아들을 보고 불안해하거나 조바심 내지 않았다. 반대로 아들의 호기심을 장점으로 키워주는 쪽을 택했다.

어머니는 호기심 많은 아이에게 과학책을 읽어주었고, 과학 실험을 마음껏 할 수 있도록 실험도구를 사주었다. 전기 모터를 사주면 아이는 그것으로 케이블카는 물론 엘리베이터나 선풍기까지도 만들어냈다. 미국에서 사온 귀한 녹음기를 사용하기도 전에 분해해버린 적도 있었다. 어머니는 비싸게 산 녹음기가 못 쓰게 되어버렸는데도 아이가 그러면서 스스로 배우는 게 있겠지, 하고 크게 혼내거나 꾸중하지 않았다.

준호의 손재주는 날로 향상되어 중학교 때는 알코올 램프와 실린더를 사용해 불을 피우면 움직이는 증기 기관차를 만들 정도로 해박한 과학적 지식과 재주를 자랑했다. 중고등학교 시절에는 혼자 청계천을 찾아 다니며 각종 기계와 부품을 구경하고 만지면서 회로를 만드는 기술을 익히기도 했다. 당시에는 몰랐지만 그 기술은 훗날 대학에 들어가 로봇을 만드는 데 아주 유용하게 쓰였다.

로봇을 만들게 된 계기도 단순했다. 어느 날 그는 TV에서 세계 최초로 두 발로 걷는 로봇인 일본의 '아시모'를 보게 되었다. 그리고 특유의 호기심이 발동했다. 당시 자동제어 쪽의 과학자로 시스템 구축을 해오던 그는 막대한 예산을 들여 개발된 아시모를 보고 그가 본질적으로 해오던 것과 크게 다르지 않다는 것을 깨달았다. 로봇, 자동차, 핸드폰, 냉장고 등은 모두 형태가 다르지만 작동하는 원리는 비슷하기 때문이다. 그렇게 해서 2004년 오랜 연구 끝에 탄생한 것이 '휴보'이다.

휴보가 세상에 나온 지도 어느덧 9년. 그새 휴보는 춤을 추고 자연스럽게 사람들과 악수를 하는 등 사람의 모습에 더욱 가까워지고 있다. 그가 최근 연구하고 있는 웨이터 로봇은 최고 시속 40km로 움직이고, 술잔을 떨어뜨리지 않고 빨리 나르는 서빙 도우미 로봇이다. 로봇이 주는 물잔을 사람이 받아 마실 정도로 로봇이 상용화되려면 아직 더 시간이 걸리겠지만, 그가 만든 로봇은 장차 가사 노동뿐 아니라 수술이나 추적 망원경 등 생활 곳곳에 쓰일 것으로 예상되고 있다. 어릴 적 부모가 날개를 달아준 호기심이 이제 세상을 변화시키고 있는 셈이다.

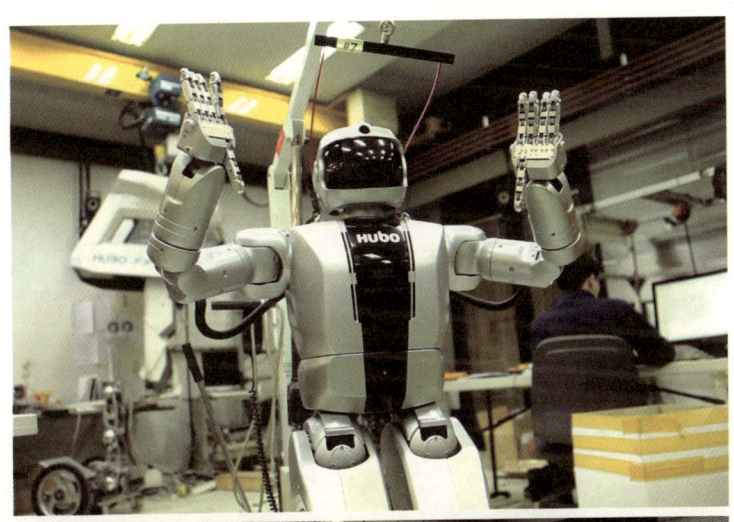
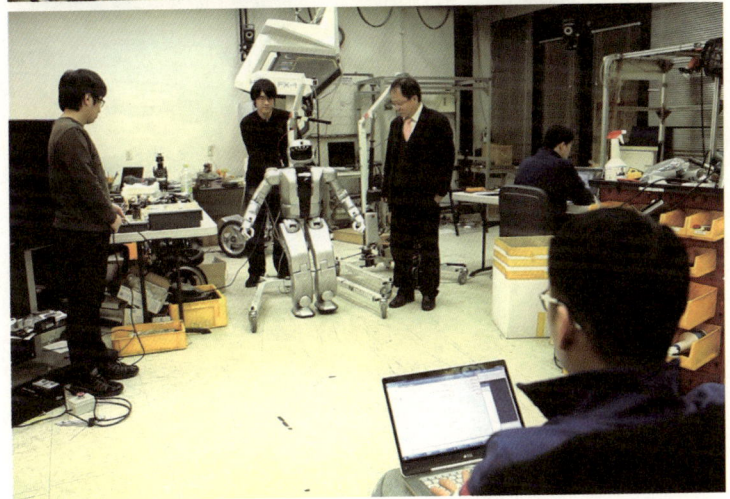

"누구에게나 갖고 있는 잠재력이 있다고 봐요. 각자 소질이 있는 분야가 있는 거죠. 부모라면 그걸 살려줘야 하는 게 아닐까요? 준호는 어려서부터 과학 분야에 소질이 있었어요. 발명하는 것을 좋아하고 창의적이고. 그럼 그런 쪽으로 환경을 만들어주는 거죠. 위험한 장난을 하는 것도 그 자체는 좋다고 봤어요. 자기 능력을 개발하려면 이론으로 배우는 것보다 실험을 해봐야 하는 거니까요." – 어머니 김현자

스스로 깨닫게 하라

현재 오준호 박사는 로봇 박사로 천재성을 인정받고 있지만 그의 고등학교 성적은 매우 기복이 심했다. 처음부터 성적이 나빴던 것은 아니지만 기계를 좋아하다보니 점점 공부와 담을 쌓은 게 문제였다. 방과 후 수업은 청계천에서 각종 기계를 구경하고 만지는 기계 수업과 다름없었다. 학교에 끼워 맞춰진 틀을 좋아하지 않기도 했지만, 내심 사람은 자기가 좋아하는 걸 하면 되지, 라는 생각도 있었다. 그러다보니 성적은 곤두박질칠 수밖에 없었다. 점점 공부에 흥미를 잃었고 교과서를 읽어도 무슨 소리인지 모르는 지경이 되었다. 성적이 72명 중 50등까지 떨어져 어머니는 결국 아들의 성적 때문에 학교에 불려가기까지 했다.

그럼에도 어머니는 변하지 않았다. 아이가 억지로 시킨다고 할 성격도 아니고, 잠재된 능력이 많은 아이에게 공부만 하라고 강요하는 것은 바람직하지 않다는 생각이었다. 사람은 누구나 자기 능

력을 타고나는데, 좋아하지 않는 것을 강제로 시키거나 억지로 하게 하는 것이 소용이 없다고 보았다. 대신 아이의 잠재력을 살리고 키울 수 있는 환경을 만들어주는 게 중요하다는 걸 어머니는 잘 알고 있었다.

준호도 거의 꼴등에 가까운 성적을 받았지만 공부의 필요성에 대한 자각만 있을 뿐 공부할 마음은 없었다. 때마침 사춘기가 겹쳤고 공부가 절박한 것도 아니었다. 부모님까지 네가 좋아하는 것, 할 수 있는 것을 하라고 하니 굳이 대학에 갈 필요도 느끼지 못했다. 청계천을 다니며 그저 막연하게 과학자가 되겠다는 생각을 하고 있었다.

그러다 고등학교 2학년이 되어서야 공부에 재미를 느끼기 시작했다. 수학 시간에 극한과 미적분을 배우면서 그동안 궁금했던 수학적 문제의 답을 찾을 수 있었고 공부의 재미를 알기 시작했던 것이다. 그럼에도 대학에 갈 생각은 하지 않는 아들에게 어머니는 강요 대신 대학에 가야 하는 이유를 설명해주었다.

> "부모님은 단순한 기능인이 아니라 훌륭한 과학자가 되기 위해서는 대학에 들어가서 박사가 되어야 하고, 그러기 위해서는 공부를 해야 한다고 말씀하셨어요. 강요 받은 게 아니라 공부를 해야 된다는 당위성을 인정하는 계기가 됐죠." - 오준호

사실 공부하라는 압박과 강요가 아이를 공부하게 만들지 않는다는 것을 대부분의 부모가 알고 있다. 그럼에도 현실과 마주하면 불안하기 때문에 억지로 아이를 책상 앞에 앉히고 강제로 공부를

하도록 만든다. 그러나 그보다는 아이가 왜 공부를 해야 하는지 '스스로' 깨닫게 하는 것이 중요하다. 공부의 이유를 깨달아야 비로소 아이의 진정한 공부가 시작된다.

"요즘 아이들은 밤 10시, 11시까지 과외 공부를 하고 온다는데 그런 건 애들한테 해로운 것 같아요. 본인 스스로 공부하고 깨닫는 시간을 안 주는 거잖아요. 언제 혼자서 공부를 해요. 부모는 될 수 있으면 아이가 자율적으로 공부하고 생각하게 하고 자기가 스스로 문제를 풀 수 있도록 돕는 것이 중요하다고 생각해요." - 어머니 김현자

어머니에게 傳하다

어머니는 누구에게나 호기심이 중요하다고 이야기한다. 호기심을 가지고 새로운 것에 도전하면 나이 듦을 의식하지 않고 새로운 기분으로 살아갈 수 있기 때문이다. 어머니가 여든다섯의 나이에도 계속 중국어를 공부하고 새로 에어로빅을 시작한 것도 그러한 이유에서이다. 그런 어머니였기에 오준호 박사의 호기심을 꺾지 않았던 것이다.

하지만 아이에 대한 부모의 믿음은 부모에게는 묵묵히 기다려야 하는 시간을, 아이에게는 스스로의 삶을 결정해야 하는 책임을 지게 한다. 오준호 박사는 모든 걸 하나하나 가르쳐주기보다 스스로 책임지길 바라는 어머니의 말씀이 부담스럽거나 섭섭하지는 않았을까?

"어머니는 어렸을 때부터 제가 새로운 걸 시작하고 시도해보는 걸 막지 않았던 것 같아요. 시작하고 얼마 안 가 관두더라도 일단 해보는 것은 자연스럽게 어머님께 배운 게 아닌가 생각해요. 어머니의 삶 자체가 계몽적이었고 어머니 말씀이 자연스럽게 저에게 흡수가 됐죠. 섭섭한 건 없어요. 어머니의 마음을 이해할 수 있고 자랑스럽게 생각합니다" - 오준호

맞춤형 자녀교육 포인트

호기심과 동기부여, 그리고 자기주도 학습

아이가 말을 배우고 호기심이 폭발할 무렵에 쏟아내는 질문이 있다. 바로 '왜?'라는 질문이다. 아이는 이제 그만 자라는 부모의 말에 "왜?"라고 묻고, 길을 걷다가도 "왜 비가 와?"라고 묻는다. 이렇게 끊임없이 이어지는 "왜?"의 공세에 처음에는 상냥하게 대답하던 부모도 급기야 얼버무리며 넘어가거나 짜증을 내게 되기도 한다.

"왜?"라는 질문으로 시작되는 아이의 호기심, 학습과 연결해 발달시키는 방법은 무엇일까?

• 호기심의 시작 "왜?"

"왜?"라는 질문은 아이가 세상에 대한 지적 호기심을 나타내는 순간이다. 엄마에게는 시시하고 쓸데없는 질문처럼 들려도 아이들은 이런 질문을 통해 세상에 대해 관심을 갖고 활발하게 두뇌 활동을 한다. 그렇기 때문에 엄마가 대충 대답하거나 무시하는 건 아이의 지적 호기심을 꺾고, 엄마와의 대화를 통해 언어 능력이 발달할 수 있는 좋은 기회를 놓치는 셈이다. 아이가 호기심이 발동해 질문을 하면 엄마는 대답할 수 있는 만큼 성의 있게 대답하고, 잘 모르는 건 함께 찾아 보면서 아이 스스로 질문에 대한 답을 찾도록 도와주는 게 좋다.

• 호기심은 동기부여의 핵심

새로운 정보가 들어오면 우리 뇌에서는 '도파민(dopamine)'이 분비된다. 도파민은 기쁨과 쾌락을 전달해 행복을 느끼게 하는 신경전달물질이다. 신경경제학자인 그레고리 번스는 새로운 정보에 대한 반응으로 도파민이 분비되면서 동기부여가 된다고 보았다. 지적 호기심이 물질적 보상을 뛰어넘는 만족감을 준다는 것이다. 특히 상이나 벌과 같은 외적 동기보다는 학습자 스스로 과제를 성취하려는 내적 동기가 호기심을 강화해 학습 의욕을 높인다는 것은 잘 알려진 사실이다.

• 호기심의 실천, 자기주도 학습

아이의 호기심과 흥미를 이끌어내는 것은 자기주도 학습을 잘 하는 최고의 방법이다. 앎의 즐거움을 가르치면 학습 동기를 이끌어낼 수 있다는 뜻이다. 그러기 위해서는 결과보다 과정의 잣대로 아이를 평가하는 태도가 아주 중요하다. "몇 점을 맞았니?"보다 "준비하는 과정이 즐거웠니?"를 물어봐야 한다는 말이다. 단, 너무 많은 학습량을 정한다거나 수준을 너무 올리거나 부모가 계획을 다 세워놓고 그대로 하라고 지시하는 건 아이의 호기심과 동기부여를 꺾는 지름길이다. 혼자 알아서 하도록 놔두는 게 아니라 아이 스스로 목표를 세우고 구체적으로 계획을 세워 스스로 동기를 부여하고, 그것이 습관이 되도록 이끌어야 한다. 여기까지가 부모의 역할이다. 이러한 과정을 겪으며 아이는 스스로 성취감을 맛보고 알아가는 것의 즐거움을 인식하게 된다.

☆ 자기주도 학습을 위해서는

1. 아이가 왜 학습을 해야 하는지 느낄 수 있도록 해준다.
2. 학습 참여 여부, 학습 시기와 시간 등에 대해 아이가 자율적으로 결정할 수 있도록 돕는다.
3. 무엇을 학습할 것인지 분명하게 정한다.
4. 학습 방법과 내용에 관해서도 아이의 의사를 존중해야 하고, 독립적으로 혼자서 학습할 것인지, 아니면 학교나 시설의 도움을 받을지 등을 고려하여 정한다.
5. 학습 결과에 대해서 평가할 때에도 외부의 객관적 평가보다 아이가 스스로 만족했는지, 어떻게 느꼈는지에 대한 평가가 먼저 이루어져야 한다. 또한 아이의 자율적인 자기 판단과 평가가 더 중요시되어야 한다.

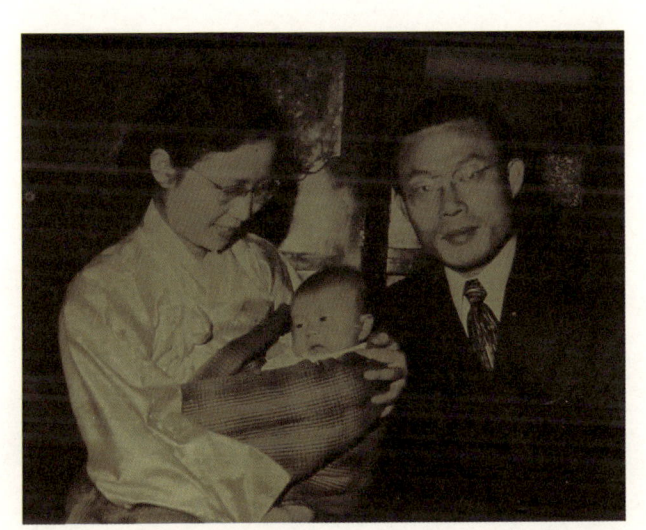

05

그 사람, 박웅현은…

이름보다 광고가 더 유명한 남자. 세계적인 광고회사그룹 옴니컴의 자회사인 외국계 광고대행사 TBWA KOREA의 제작총괄임원이다. 대학생을 대상으로 한 광고 공모전에 출품한 작품이 대상을 받으면서 광고계에 입문했고, 이후 '나이는 숫자에 불과하다' '넥타이와 청바지는 평등하다' '생각대로 해. 그게 답이야' '사람을 향합니다' '2등은 아무도 기억하지 않는다' '진심이 짓는다' 등 많은 이들이 공감하는 광고와 카피를 만들었다.

인문학으로 광고하는
광고인 박웅현의

창의성

그리고 어머니 석현숙

광고인 박웅현을 키운 어머니의 교육 철학

· 길은 수백 가지, 한 가지 길만 있는 게 아니다
· 일상에서 고전(classic)을 즐겨라

소극적인, 너무나 소극적인 아이

박웅현 CD(creative director)는 어린 시절에 늘 구석자리를 고집하던 소심한 아이였다. 당시 그가 다니던 초등학교는 전교생 8천 명에 한 학년에 15반이 있고 한 반의 학생수가 80여 명이 넘는 큰 학교였다. 초등학교 1학년 말 무렵, 웅현은 반에서 1등을 했다. 다른 학생들은 그를 부럽다는 듯이 바라봤지만, 그는 80여 명의 시선을 받으며 상장을 받으러 교실 앞으로 나가는 게 죽기보다 싫었다. 남 앞에 나서는 것이 극도로 싫었던 것이다. 그런 그에게 소풍은 가장 무서운 행사였다. 소풍을 가면 꼭 한자리에 모여 돌아가면서 노래를 부르는데, 남들 앞에만 서면 목소리가 떨리는 탓에 남들에게 가장 즐거운 소풍이 그에게는 공포의 시간이었다.

그런 성격은 대학생이 돼서도 마찬가지였다. 1987년 학교에서 주는 문화상 수상자로 선정되어 수상식에 참석해야 했던 적이 있었다. 기껏해야 2분 남짓한 짧은 시간이지만 많은 사람들의 시선을 받으며 상을 받아야 한다는 것은 상상만으로도 끔찍한 일이었다. 안절부절못하던 그는 수상식이 시작되기 전에 술을 진탕 마셔버렸다. 인사불성이 되어 수상식에 참석하지 못했음은 물론이다.

조용하고 숫기 없는 성격은 대학을 졸업하고 국내 유명 광고회에 들어간 뒤에도 변함없었다. 팀별로 프레젠테이션이 있는 날이면 시놉시스를 밤새 써주는 것을 조건으로 다른 사람을 앞에 세웠다. 30대 중반이 되어 더는 피할 수 없고 강연을 해야 하는 일이 많아지면서 익숙해졌지만, 프레젠테이션이나 강연 자리가 아니면 여전히 사람들 앞에 나서는 걸 즐기지 않는다. 오십이 넘은 지금도 연말

파티 때 앞에 나서서 한마디 해야 하거나 노래라도 불러야 하는 상황이면 세상에서 가장 어색한 표정이 나오는 그다.

하지만 그가 만든 광고와 카피는 사람들의 공감을 이끌어낸다. 특히 사람을 향한, 사람 중심의 광고로 '인문학적이다'라는 평을 듣는다. 2010년에는 '진심이 짓는다'라는 카피의 아파트 광고로 한국광고학회 올해의 광고상 대상 수상, 소비자가 뽑은 좋은 광고상 TV부문 수상 등 여러 광고상을 휩쓸었다. 이 광고로 건설업계 5, 6위에 불과하던 아파트 브랜드는 2년 만에 업계 순위 3위 안에 들어가기도 했다.

길은 수백 가지, 한 가지 길만 있는 게 아니다

어머니는 태권도 두 장이나 보이스카웃에 가입시켜서라도 아들을 강하게 키우려고 했지만 소심하기 이를 데 없는 그의 성격은 쉽게 변하지 않았다. 놀아도 조용하게 놀았고, 친구가 때려도 맞을지언정 같이 때릴 줄을 몰랐다.

그런 아들의 남다른 소질을 발견한 건 아들이 고등학교 신문반 활동을 하면서부터였다. 후배들은 그를 '박 부장'이라고 부르며 따랐고, 웅현은 공부는 뒷전으로 하고 신문반 일에 몰두했다. 어머니는 그런 아들에게 절대 공부하라는 잔소리를 하지 않았다. 다만 그가 고등학교 3학년이 되었을 때 넌지시 육군사관학교를 권해보았다. 하지만 아들은 글을 쓰는 일이 좋다는 대답으로 어머니의 권유

를 거절했다.

적극적인 성격도 아니고 골목대장은커녕 친구들에게 맞고 올 법한 그에게 육군사관학교는 그와 어울리지 않았다. 자식 잘되길 바라는 욕심에 "자, 여기 앉아봐. 너 육사에 왜 안 간다고 하는 거야?" 하고 부모 말을 들으라고 설득할 수도 있었을 테지만, 아들의 의사를 확인한 후 어머니는 더는 이야기를 꺼내지 않았다. 부모가 강요하면 역효과가 나고, 설사 부모 뜻에 따른다 해도 본인이 원하지 않는 이상 성공하기 힘들 거라는 생각에서였다.

그래도 공부를 잘했던 아들인지라 '말은 그렇게 해도 대학에는 어지간히 들어가겠지' 하고 내심 기대를 했다. 하지만 다른 일에 정신이 팔려 자연스럽게 공부를 멀리 한 아들은 그해 대학 입시에서 떨어지고 말았다. 그때에도 어머니는 아들을 추궁하거나 다그치지 않았다. 전쟁 통에 남쪽으로 피난을 와 어려운 시절을 버텨낸 어머니는 아이들 역시 품에 품기만 해서는 안 된다고 생각했다. 그래서 아이가 먼저 도와달라고 하지 않으면 그냥 두었고, 아이에게 무언가를 해보라고 강요하지도 않았다. 속으로는 사랑하지만 아이들이 자기 길은 스스로 선택하고 개척해 나가기를 바랐다.

"중요한 판단은 제가 했죠. 그리고 의견을 구했어요. 어머니는 저를 객관적으로 바라봐주셨어요. 저는 이게 중요하다고 생각해요. 자식을 객관적으로 바라볼 수 있는가, 라는 지점이요. 어머니가 그렇게 대해주셨기 때문에 제가 제 길을 선택할 수 있었죠." - 박웅현

많은 부모들이 부모 자신이 원하는 길을 자기 아이도 선택하기를 바란다. 그렇게 세상의 수많은 길 중에서도 유독 한쪽으로 아이를 몰아세운다. 자녀를 객관적으로, 자신과 다른 타인으로 보지 않기 때문이다. 그런 부모는 자녀를 자신이 만든 작품, 혹은 소유물로 보기 때문에 과도한 애정을 쏟는다. 자신과 아이의 경계가 모호해지면 자녀가 나와 다른 존재임을 자각하지 못하게 되는 것이다. 박웅현의 어머니는 아이가 자립심을 가지고 컸을 때에 험한 세상 속에서 살아나갈 지혜와 힘도 얻을 수 있다고 생각했다. 요즘 부모들이 중요하게 생각하는 창의성 역시 그런 자립심이 기반이 되어야 하고 부모가 아이를 객관적으로 볼 때 생길 수 있는 게 아니냐고 지적한다.

"창의적이라는 게 자기가 계발을 해야 하기도 하죠. 그런데 지금 엄마들을 가만히 보면 아이들을 한곳으로 강요를 하는 것 같아요. 대학으로요. 직업은 수도 없이 많아요. 갈 수 있는 여러 갈래의 길이 있죠. 자기가 좋아하는 것을 배우고 취미도 살리고 그렇게 발전해 나가야 하는데 지금 학생들은 무조건 다 대학에 가야 해요. 그 많은 아이들이 대학을 나와도 갈 데가 없어요. 내가 보기에 요즘 엄마들은 창의적으로 아이를 키우고 싶다고 하지만 실제로는 그다지 창의적이지 않은 것 같아요." – 어머니 석현숙

이제는 박웅현 역시 스무 살이 넘은 딸아이를 둔 부모가 됐다. 그는 부모로서 어머니와 비슷한 생각을 가지고 있다. 그가 딸에게

오래전부터 해온 이야기도 'be yourself', 즉 너 자신이 되라는 말이다. 무엇보다 스스로를 존중하라는 뜻이다. 그는 같은 부모의 입장으로 다른 부모들에게 당부하는 것을 잊지 않는다.

"자기 아이들의 능력과 장점을 먼저 봤으면 좋겠어요. 모든 아이들은 다 달라요. 젊은 친구들을 만나보면 재미있는 게 각자 가지고 있는 재능의 포인트가 다 다르다는 거예요. 그래서 저는 젊은 친구들에게 모든 사람들은 아직 뇌관이 발견되지 않은 폭탄이라고 이야기해줘요. 뇌관의 위치는 저마다 다른데 우리는 그걸 생각 안 하고 한군데만 보죠. 그러니 거기에 뇌관이 있는 사람은 자기 재능을 터뜨리는데 다른 사람은 그러지 못하는 거예요." – 박웅현

일상에서 고전(classic)을 즐겨라

여덟 살의 박웅현은 주말 밤을 손꼽아 기다렸다. 밤 10시, 〈주말의 명화〉가 방송하는 시각이었다. TV에서 영화를 해주는 날은 어머니와 함께 영화를 보다 자정을 넘기기 일쑤였다. 아들과 극장에 가는 것을 즐겼던 어머니는 종로에 있던 피카디리나 단성사에 가서 웅현과 같이 영화를 보곤 했다. 영화 속 주인공에 대한 이야기도 자주 들려주었다. 〈오케이 목장의 결투〉 〈북북서로 진로를 돌려라〉 〈십계〉 〈쿼바디스〉 〈돌아오지 않는 강〉 〈누구를 위하여 종은 울리나〉 〈로마의 휴일〉 등 당시 나온 1940년대부터 1970년대

의 외국의 고전 영화는 빼놓지 않고 거의 다 봤다. 그 시절에 보았던 영화 속 장면과 음악들, 이야기들은 웅현의 머릿속에 차곡차곡 쌓였다. 어머니는 좋은 음악과 영화, 책이 중요하다고 생각했지만 그것을 웅현에게 강요하지는 않았다. 그저 어머니 스스로 좋아했고 즐겼다.

웅현의 어머니는 황해도 이북의 넉넉한 집안에서 태어났다. 그 시절에 귀했던 TV와 라디오를 가까이 두고 자랐고 학교에서 연극반 활동도 하고 책도 많이 읽을 수 있었다. 그만큼 문화적으로 누릴 수 있는 것들이 많았다. 그러나 나라가 일제강점기에 들어서고, 한국 전쟁이 벌어지면서 더는 그 환경이 유지되지 못했다. 1·4 후퇴 때 가족과 헤어져 남한으로 내려온 어머니는 어려운 시절을 보냈다. 그래도 어린 시절에 경험했던 영화, 음악 등에 대한 향수가 여전히 남아 있었다.

그래서 어머니가 사랑했던 영화와 책, 음악은 주로 고전일 수밖에 없었다. 웅현은 고전 작품 속에 무엇이 남겨 있기에 과거로부터 현재까지 사람들의 마음을 움직였는지 궁금했다. 학교에 다니면서 『호밀밭의 파수꾼』 『주홍글씨』 『폭풍의 언덕』 등과 같은 고전들을 읽고 토론을 했던 경험 역시 그에게는 힘이 되었다. 당시에는 내용을 온전히 다 이해할 수는 없었지만 적어도 '읽는 것'에 대한 두려움은 없어졌다. 그렇게 가까이 했던 고전 영화와 책들, 그리고 음악들을 통해 웅현은 쌍문동 구석방에서 2천 년 전의 로마로, 1930년대의 시카고로 떠날 수 있었다. 상상력을 통해 지금과 다른 시대, 과거의 사람들을 만나고 간접 경험을 할 수 있었다.

"광고를 하다 보면 어떤 때는 20대가 되어야 하고 어떤 때는 50대가, 10대가 되어야 하죠. 남자가 되어야 하고 여자도 되어야 하고요. 그런데 제가 어떻게 다 알겠어요. 어린 시절에 봤던 영화를 통해 다른 사람들이 같은 소재를 가지고 어떻게 다루고 있는지 간접적으로 경험할 수 있었어요. 그리고 그것들이 기억에 남았던 것 같아요." - 박웅현

그는 광고의 원천적인 힘을 인문학에서 찾고, 그중에서도, 클래식이라 불리는 고전 작품들에 좀 더 비중을 둔다. 몇백 년 전의 소설이 지금까지 살아 남을 수 있었던 것은 사람이 가지고 있는 본질, 그 심리나 메커니즘을 다루고 있기 때문이고, 그러한 작품들을 통해 간접 경험을 함으로써 인간에 대한 이해의 폭을 넓힐 수 있다고 보기 때문이다. 아마도 그 시절의 문화 경험들이 박웅현이 다양한 사람들의 공감을 얻을 수 있는 광고를 만들어낼 수 있는 근간이 되어주었을 것이다. 그리고 그것은 힘겨운 시절에도 영화와 음악, 책을 즐겼던 어머니의 덕이었다.

지금 박웅현의 집에서 가장 큰 공간을 차지하는 것은 서재이다. 서재는 그에게는 '창의성'을 기를 수 있는 근원이고, 어머니에게는 젊은 날을 추억하게 만들어주는 보물 창고다. 어머니가 몇십 년 전에 2백 원을 주고 샀던 『좁은 문』 『죄와 벌』 『보바리 부인』부터 시작해 박웅현이 학창 시절부터 읽어온 수많은 책들이 서재의 책장을 가득 메우고 있다. 여든이 넘은 어머니는 지금도 아들과 함께 책을 읽는다.

"책도 웬만한 건 다 읽었어요. 지금은 백내장 수술을 하고 눈이 피곤해서 예전만큼은 못 해요. 우리 나이에 책 읽는 노인들이 별로 없는데, 나는 지금도 책을 읽으면 마음이 편해요."

– 어머니 석현숙

    사람들은 창의성을 기르기 위한 숱한 방법들을 말한다. 그러나 정작 창의성의 전장이라는 광고업계에서 뚜렷한 족적을 남기고 있는 박웅현의 이야기는 우리에게 '창의성'이라는 게 무엇인지 다시 생각해보게 만든다. 그는 남들과 다르고 특이한 것, 예를 들면 무언가를 잘 그리고, 분해해보고, 만드는 능력이나 기질을 창의성이라고 보는 것이 오히려 고정관념이 아니냐고 되묻는다. 창의성이란 한군데, 한 방향에서 나오는 것이 아니라는 것이 그의 생각이다. 그리고 사람들이 평범한 자신에게서 '창의성'을 보았다면, 그것은 지금까지 책을 읽고 영화를 보고 음악을 들어왔던 것, 그러한 작품들과 사람과 세상으로부터 본질적인 무언가를 찾으려 애써왔기 때문일 거라고 말한다.

어머니에게 傳하다

한국 전쟁 당시 교사였던 어머니는 피난을 가던 중에 부모를 찾아 행렬에서 벗어나 간신히 부모를 만났으나 모든 가족이 같이 움직이기에는 상황이 급박했다. 아버지는 먹을 것만 겨우 챙겨 남동생과 같이 의무대에 있던 지금의 남편에게 맡겨 남한으로 피난을 보냈다. 일주일 후에 다시 만나기로 하고 헤어진 것이 60년 전의 일이다. 스무 살의 꽃다운 처녀였던 어머니는 이제 여든이 넘은 할머니가 되었다.

이산가족이 되고 전후 힘든 상황에도 영화와 음악, 책을 가까이에 두었던 어머니. 어쩌면 그것은 되돌아갈 수 없는 고향과 어린 시절에 대한 향수였을지도 모른다.

"어머니가 가지고 있던 문화에 대한 갈증이 저에게 전해졌던 것 같아요. 그 갈증이 책을 읽고 영화를 보고 음악을 듣게 만들었던 것이 아닌가 생각해요. 그리고 그것들이 지금 하고 있는 일에 도움이 되고 있죠. 어머니는 저에게 어떻게 하라고 가르치시지는 않았어요. 그냥 어머니가 행동으로 보여주셨죠. 그런 면이 제일 고마워요. 돌아보면 여러 사람들을 만나 그들로부터 큰 영향을 받았지만, 가장 오랜 시간 동안 내 감성이 가장 말랑말랑할 때 사고하는 방법, 감수성 같은 것들에 지표가 되어줬던 분이 어머니였죠."

— 박웅현

맞춤형 자녀교육 포인트

창의력을 키우는 말, 창의력을 방해하는 말

아이의 창의력은 일상에서 이뤄지는 부모와 아이와의 대화법을 통해 길러진다고도 한다. 특히 아이와 대화를 할 때 중요한 건 소통이다. 소통이 잘되면 아이는 긍정적이고 정서적으로도 안정되어 자기주도적으로 생각할 수 있게 된다.

• 아이의 말에 호응하자

부모에게 별것 아닌 일도 아이들이 보기엔 새롭고 신기한 일로 여겨질 때가 많다. 아이가 감동하거나 크게 감탄하면 시큰둥하게 반응하지 말고 아이의 관심사에 함께 호응해 감동하고 감탄해보자. 가장 가까운 부모에게 자신의 말이 가치 있다고 확인 받으면 아이는 더 또 다른 관심사를 찾아내고 사물에 흥미를 가지게 된다.

특히 말을 배우고 세상에 대한 호기심이 많아지는 시기가 되면 아이는 쉴 새 없이 말을 한다. 부모가 그 모든 말에 호응해줄 수는 없겠지만 독특한 표현이나 상상력이 돋보이는 표현을 할 때는 아이의 표현을 칭찬하며 맞장구쳐주자. 대화할 때 상대의 호응을 바라는 어른들처럼 아이도 말을 하면서 부모의 반응을 기다린다. 그때 아이의 기분이나 감정에 동조해 적극적인 반응을 보여주면 아이는 자신의 감정과 표현에 자신감을 얻고 스스로를 표현하는 일에 재미를 느끼게 된다.

예) 아이 : 엄마, 저것 봐. 고양이가 지금 일어났나봐.
이제 세수하고 있어.

▶ 빨리 밥부터 먹으랬지? (×)

▶ 그렇구나. 고양이가 잠꾸러기인가보다. (○)

• 단답형 질문이 아닌 열린 질문으로 물어보자

"예" "아니오"로 답하게 되는 단답형 질문은 아이들이 스스로 생각할 기회를 가로막는다. "왜 그럴까?" "~을 어떻게 생각해?"와 같이 열린 질문으로 자기 생각을 정리하고 이야기할 기회를 많이 만들어주어야 한다. 아이들이 대답을 하면 "그래"라고 끝맺지 말고 "그렇게 생각한 이유는 뭐야?"라고 되물어 아이가 자기 대답에 대한 근거를 생각할 수 있도록 하는 게 좋다. 만약 기대한 대답이 아니거나 엉뚱한 말을 하더라도 틀렸다고 지적하기보다는 "엄마는 생각 못 했는데, 네가 독특한 생각을 했구나"라고 칭찬하거나, "그럴 수도 있겠구나. 그런데 이렇게도 생각해볼 수 있지 않을까?"라는 식으로 유도해 아이에게 열린 생각을 끌어내주는 게 중요하다.

예) 아이 : 학교가 재미없어.

▶ 그래도 학교에 가야지! 얼른 들어가서 숙제해! (×)

••▶ 그래? 왜 학교가 재미없어? (O)

• 아이는 실패를 통해 배우고 창의력을 키운다

많은 부모가 아이가 실수를 하면 먼저 야단을 치고 문제를 수습해준다. 그런데 아이의 창의력은 실패를 통해 배울 때 두 배, 세 배 확장된다. 그러므로 아이를 다그치거나 혼내기보다 다음번에는 어떤 방법이 좋을지 질문하고 새로운 방법을 찾아가도록 돕는다. 이렇게 하면 어떤 상황에서도 다양한 방법으로 생각할 수 있는 문제해결 능력을 키워줄 수 있다.

또 아이가 실수를 하거나 잘못을 했을 때 "머리가 나빠서야, 원" "그러게 하지 말라고 했지" "넌 왜 이렇게 답답하니" 하는 식으로 무심결에 내뱉는 부정적인 한마디는 아이에게 나쁜 영향을 줄 수 있다. "생각이 깊구나"라는 말을 듣고 자란 아이가 커서 실제로 그렇게 되는 경우가 많다.

실수한 아이에게 왜 잘못했느냐고 꾸짖기만 하면 아이는 실패를 통해 더 큰 성장을 하지 못하고, 위축되고 마음의 상처를 받는다. 아이가 잘못하면 먼저 이유를 들어보고, 결과가 좋지 않더라도 우선 노력한 과정을 칭찬한 뒤 잘못을 지적해도 늦지 않다. 이렇게 해야 아이는 실패의 과정을 통해 스스로 잘못을 찾고 다음번에는 더 잘할 수 있는 방법을 생각할 수 있다.

예) 창의력을 방해하는 말

말도 안 되는 소리 마 / 넌 너무 어려서 안 돼 / 넌 몰라도 돼 / 너 혼자서는 못하니까 엄마가 해줄게 / 넌 도대체 커서 뭐가 되려고 하니? / 넌 도대체 누굴 닮은 거니?

• **책을 가까이에 두자**

책은 아이의 상상력을 자극하고 간접 경험을 통해 대상에 대한 이해의 폭을 넓힐 수 있게 해준다. 다만 책을 고를 때에는 아이의 언어 발달 단계를 고려해야 한다. 선행학습을 목적으로 아이의 언어 수준보다 지나치게 앞선 것을 고르면 아이는 지루해 하고 책에 대한 흥미를 잃게 된다. 또 무조건 많이 읽는 것보다 한 권을 읽더라도 깊이 읽는 것이 좋다. 책을 다 읽은 후에는 아이와 눈높이를 맞춰 이야기를 나누어본다. 어떤 장면이 기억에 남았고 왜 그런지, 주인공의 감정을 어떻게 느꼈는지 등 가벼운 질문으로 아이의 느낌과 생각을 끌어내보자.

06

그 사람, 허민은…

한국을 대표하는 공룡전문가. 전남대학교 지구환경과학부 교수로 한국공룡연구센터 소장을 맡고 있다. 국내 3D 애니메이션 최초로 100만 관객을 넘으며 사랑받은 〈점박이: 한반도의 공룡〉의 총괄 자문을 맡아 주인공 점박이가 탄생하는 데 결정적인 역할을 했다. 공룡 발굴의 불모지였던 한국에서 '코리아노사우루스' '해남이크누스' 등 대한민국 학명의 공룡을 세계 학계에 올렸다. 미국 인명연구소에서 21세기 위대한 지성으로 선정됐고, 영국 케임브리지 국제인명센터로부터 세계 100대 과학자로 선정됐다.

대한민국
대표 공룡학자
허민 교수의

모험심

그리고 어머니 이정님

허민 교수를 키운 어머니의 교육 철학

- 안 된다고 하지 마라
- 집념과 인내라는 정성이 필요하다

가만히 있지 못하는, 엉뚱한 소년

허민은 4남매 중 유별나게 활발한 아이였다. 가만히 있지 못하는 성격 탓에 가장 좋은 신발을 사줘도 금세 닳아 해지거나 잃어버리고 오기 일쑤였다. 그가 살던 순천 일대가 전부 그의 놀이터였고, 대중교통이 발달하지도 않았던 시절에 혼자 서울 친척집에 다녀올 정도로 담력이 세고 무모하기까지 했다. 아이의 모험심은 때때로 위험한 사고로 이어지기도 했다. 아버지가 거문도에서 근무할 때였다. 온 가족이 떠난 바다여행에서 허민은 바닷속이 궁금하다고 무작정 배에서 뛰어내린 것이다. 망망대해에 아무런 안전장치도 없이 빠졌으니, 목숨까지 잃을 뻔한 큰 사고였다.

허민 교수가 어린 시절을 보낸 순천은 산과 바다를 쉽게 접할 수 있는 곳이었고, 모험심이 많은 그는 혼자서 이곳저곳을 잘 돌아다녔다. 그러다보니 그 지역의 지형이 자연스럽게 눈에 들어왔다. 어머니 역시 적극적이고 활달한 성격의 아이를 잘 아는 터라 틈이 나면 아이들을 데리고 여행을 떠났다. 아이들의 타고난 기질을 키워주려는 어머니 나름의 노력이었다. 기차를 타고 떠난 여수, 벌교 등지에 가서 살아 있는 자연을 접하면서 아이는 상상력을 키웠다.

그런 허민 교수가 지질학과를 선택했던 것은 자연스러운 일이었다. 부모로서는 조금은 생소한 '지질학'이란 분야가 그리 달갑지만은 않았지만 지도를 보며 여러 곳을 돌아다니는 일이 많은 지질학은 그의 성격과 잘 맞았다. 결국 부모는 그가 하고자 하는 일을 믿고 지지해주었고, 허민 교수는 1996년 전남 해남군 황산면 우항리 일대에서 세계 최대 규모의 익룡 발자국을 발굴해냈다. 그 이후 전남 보성군, 고성 덕명리 등지에서 다양한 형태의 공룡 발자국과 뼈 화석을 발굴했고, 한반도에 살았던 공룡, 타르보사우루스(이제는 '점박이'로 더 잘 알려져 있다)의 존재를 입증했다. 그밖에도 다양한 연구 활동으로 공룡 연구에 관해서 세계적으로 권위 있는 학자로 인정받고 있다.

안 된다고 하지 마라

어렸을 적 바다에 뛰어들어 가족들을 깜짝 놀라게 한 뒤에도 겁 없는 아이의 모험은 계속됐다. 폭포수가 떨어지는 바로 밑에 있는 깊은 웅덩이인 용소를 보면 그냥 지나치지를 못했고, 그중에서도 깊은 곳만 찾아 다니며 다이빙을 즐겼다. 아이는 그렇게 아침 일찍 산으로 바다로 돌아다니다 해가 져야 집에 돌아왔다. 위험한 장난만 골라 하는 통에 속이 끓을 때가 많았지만, 어머니는 그게 혼내거나 나무라지 않았다.

> "아이들을 키우면서 나무라고 그러면 아이들이 반발심이 생겨 더 나쁜 길로 빠질 수 있어요. 엄마가 아이의 성격이 이렇다 싶으면 그걸 어루만지고 그 성격을 키워줘야겠더라고요."
> – 어머니 이정님

속상한 적도 많았지만, 어머니는 그 마음을 표현하기보다는 아이의 기를 살려주고 자기가 하고 싶은 대로 하게 해줘야 한다는 생

각이었다. 겉으로 드러내지 않아도 어머니의 자리에서 최선을 다하다 보면, 그 마음이 자식에게 향하고 전해지리라는 믿음도 있었다. 안 된다는 말을 하지 않은 어머니 덕분에 허민 교수는 밖으로 마음껏 돌아다니고 보고 느끼며 자랄 수 있었다.

허민 교수는 고등학교 3학년이 되어 대학의 전공을 선택해야 했을 때 지질학과에 가기로 결정을 했다. 컴퓨터 관련학과 등 유망 학과도 많은데 왜 이런 데를 가느냐고 의아해 하는 사람도 많았다. 허민 교수가 고등학생이었던 1970년대 중반에는 지질학과의 고생물, 특히 공룡은 학문으로 가치를 인정받기는커녕 뜬구름 잡는 이야기였다. 뿐만 아니라 지질학은 주로 석유 개발 분야에 응용되던 학문이라고만 생각했기 때문에 석유가 나지 않는 우리나라의 경우 연구소나 다른 전문기관에 취업하기도 힘든 상황이었다. 실제로 지질학이나 고생물학을 전공하던 이들도 취직 문제로 다른 분야로 전향하는 일이 비일비재했던 때였다.

늘 아들을 믿어주던 어머니도 이 문제만큼은 조금 다른 태도를 보였다. 기대가 있었던 만큼 아들의 선택이 그리 달갑지는 않았던 것이다. 그러나 어머니는 결국 마음을 돌렸다. 내심 서운했지만 속내를 보이지 않고 "너의 길을 가라"고 응원해주었다. 아들이 어떤 일을 하더라도 이해하고 지지해주겠다는 믿음이었다.

지질학과에 입학한 허민 교수는 오랜 연구 끝에 몇 천만 년 동안 감춰져 있던 세계 최대 규모의 공룡 화석지를 발굴하고, 한반도 최초로 완벽한 초식 공룡의 뼈를 발굴하는 등 '최초'의 길을 걷기 시작했다.

몇 해 전 개봉한 3D 애니메이션 〈점박이: 한반도의 공룡〉이

100만 관객을 돌파하면서 허민 교수는 아이들의 우상으로 떠올랐다. 점박이는 토종 공룡 캐릭터로 티라노사우루스의 사촌 격인 타르보사우루스이다. 흔히 공룡 하면 북미에서 발견된 티라노사우루스를 떠올리던 사람들에게 토종 점박이의 탄생은 신선한 충격이었다. 영화의 총괄 자문을 맡은 이후에 그는 초등학생들을 대상으로 강의를 하러 나가곤 하는데, 그럴 때면 공룡에 대한 호기심은 물론 어떤 진로를 택해야 할지 상담해오는 부모들이 많다. 그 질문을 받을 때마다 그는 이렇게 대답하곤 한다.

"좋아하는 일이 있다면 부모도 그걸 믿고 밀어줘야 아이가 큽니다. 뭔가 열심히 몰입해서 하는 거라면 부모가 도와줘야 하는 거예요. 부모에게 끌려 다니는 교육은 결국 크게 되지 못해요. 남이 인정하지 않는 길이라도 아이가 좋아한다면, 열정을 가지고 가면 반드시 성공합니다. 남들이 하지 않는 길이라도 그 길이 좋다면 그 길로 가는 게 맞습니다. 고속도로처럼 시원하게 뚫린 길, 남이 만들어준 길을 가고자 한다면 세계적으로 큰 사람이 되기 어렵습니다." – 허민

허민 교수의 말에 의하면, 예를 들어 공룡에 빠져 지내는 아이가 성적이 오르지 않으면 대부분의 부모는 공룡에 대한 아이의 과도한 흥미를 끊어내려고 애를 쓴다. 혹은 공룡 모형이나 책 등 아이가 좋아하는 것들을 성적을 올리는 조건으로 내걸기도 한다. 그러면 아이는 그 조건을 위해 공부를 하겠지만 결국 그때뿐이라는 것이다. 기본적인 공부만 되어 있다면 성적보다 어떤 꿈을 갖고 어

떤 과정을 겪느냐가 아이에게는 더 중요하다고 강조한다. 그러므로 아이가 좋아하는 것을 안 된다고 하기보다 부모가 함께 관심을 가지고 관련 분야의 체험을 통해 아이가 미래에 대한 꿈을 꿀 수 있도록 믿고 지지해주는 것이 필요하다고 말한다.

집념과 인내라는 정성이 필요하다

공룡 연구는 작은 단서 하나라도 놓치지 않는 인내와 집념이 필요한 발굴 작업이다. 허민 교수는 발굴 작업은 첫째로 뭔가가 나올 거라는 믿음이고 그다음 발견하고자 하는 목표가 뚜렷해야 하고 실제로 도전해봐야 하는 일이라고 이야기했다. 그리고 무엇보다 중요한 것은 인내와 집념이라고 강조했다. 많은 이들이 현장에 와서 아무것도 나오지 않으면 그냥 돌아서버리고, 지식이 없으면 포기하기 쉽지만 하나의 실마리를 가지고 다음을 생각하며 끝까지 숨겨져 있는 것을 찾아야 한다는 것이다.

해남 우항리의 공룡 발굴 당시에도 그랬다. 당시 국내에서는 경남 고성 외에 대규모로 화석지를 발굴한 경험이 전혀 없었던 터라 연구를 하면서 동시에 여러 사람이 발굴 작업을 같이 해야 했다. 발굴 기간만 최소 몇 년, 오랜 시간과 정성을 요구하는 작업이었고 중간에 우여곡절도 많았다. 그렇게 발굴된 화석지는 언론에 대대적으로 공개됐고, 연구 결과를 전시한 박물관도 생겼다.

조그만 알 껍질을 단서로 2백여 개의 공룡 알을 발견한 보성 비봉리의 공룡알 화석도 마찬가지다. 특히 7년간 보성 비봉리에서 완

벽한 골격 형태를 갖춘 공룡의 뼈 화석을 발굴하고 복원한 일은 그에게도 잊을 수 없는 경험이다. 그는 8천5백만 년 전에 살았던 이 공룡을 '코리아노사우루스 보성엔시스'라는 한국적인 이름으로 세계에 알렸다. 하나의 실마리를 가지고 그다음에 숨겨져 있는 것을 찾아내려는 굳은 집념이 없었다면 8천만 년 전의 흔적을 찾아내야 하는 고난의 시간을 견디지 못했을 것이다. 그의 이 집념은 작은 화초를 30년 동안 꾸준히 키운 어머니의 마음과도 닮아 있다.

한 번도 고향 순천을 떠나 다른 곳에서 살아본 적 없는 어머니는 감나무를 좋아한다. 그래서 지금도 편한 아파트 대신 넓고 마당이 너른 집을 고집한다. 햇빛이 들어오는 마당에는 동백, 철쭉 등이 번갈아 꽃을 피운다. 나무를 키우는 건 부모가 자식을 키우는 것과 비슷하다. 날씨가 추워지는 겨울이면 담요를 덮어주고, 빛이 강하면 그늘막을 씌워주고, 화초 하나도 아기 키우듯 애지중지해야 무럭무럭 잘 자란다. 조그만 화분 하나 가꾸는 걸 별일 아니라고 생각할 수도 있지만 어머니는 거기에 정성을 들인다.

30년 전 500원 하던 작은 화초를 사서 공을 들여 나무로 키운 어머니를 보면, 아무리 사소한 일이라도 시간을 쏟고 정성을 들이면 언젠가 꽃을 피운다는 평범한 진리를 깨닫게 된다. 그런 어머니를 보고 자란 허민 교수 역시 자신의 연구 분야에 그런 집요함과 정성이 필요하다는 것을 알고 있었던 것이다.

어머니에게 傳하다

아들이 멸종된 공룡의 흔적을 찾아내겠다고 하면 그걸 믿고 지지해주는 부모가 얼마나 될까? 형제 중에 모험심이 많고, 그만큼 짓궂고 위험한 일을 많이 벌였던 허민 교수. 어머니는 그 과정을 막아서기보다 묵묵히 인정해주었다. 인류가 존재하기 전에 살았던 공룡들을 되살려내고 발견하는, 남들과 다른 길을 걸었던 허민 교수의 도전 정신과 모험심은 그런 어머니의 믿음 아래에서 가능했던 것이다.

"어머니를 생각하면 항상 남몰래 기도하시던 모습이 떠오릅니다. 매일 새벽에 기도하는 그 모습을 보면서 더 열심히 해야 하고, 더 착하게 살아야 하고, 또 부모에게 효도를 해야겠다고 느꼈어요. 자식을 위한 어머니의 간절함을 느꼈거든요. 저는 세상 모든 어머니의 기도는 자식들을 올바르게 인도하는 하나의 등불이라고 생각합니다. 저 역시 그런 어머니의 사랑으로 살아온 거라고 생각해요."

― 허민

맞춤형 자녀교육 포인트

아이의 정신적, 신체적 건강을 위한 숲 체험 프로그램

TV와 인터넷을 통해 연일 보도되는 수많은 사건 사고들에 대부분의 부모가 바깥 세상을 매우 위험한 곳이라고 여기면서 아이들이 실외 활동을 할 수 있는 시간이 현저하게 줄었다. 운동이나 놀이 역시 실내 공간에서 주로 이루어지고, 더불어 TV, 컴퓨터, 스마트폰, 게임기 등과 접촉하는 시간이 늘어났다. 그러나 이러한 실내 활동이 외부로부터 오는 위험 요소를 차단하는 대신 아이들은 게임 중독이나 우울함, 분노, 불안 등 심리적인 어려움을 겪는 일이 많아졌다. 사실 아이들에게는 실외 활동 역시 매우 중요한데, 특히 자연 속에서 시간을 보내는 것이 필요하다. 자연에서 체험하는 활동이 아이들에게 정서적, 신체적으로 많은 도움이 되기 때문이다.

특히 숲은 아이들에게 매우 긍정적인 영향을 준다. 많은 연구에 따르면 식물에서 생성되는 피톤치드는 불안을 감소시키고 면역 기능 증가에 기여하는 것으로 나타났고, 숲 속을 걸을 때 집중력을 낮추고 신체 피로를 높이며 분노, 충동성, 우울, 불안에 기여하는 인지피로가 낮아진다고 한다. 또한 숲은 다양한 나무, 돌, 들꽃, 동물들을 비롯한 여러 자연물의 색감과 소리를 보고 들을 수 있으며 만져볼 수 있는 공감각적인 장소로 아이들의 호기심과 상상력을 자극할 수 있는 공간이다.

이러한 이유로 최근 다양한 숲 체험 프로그램이 소개되고 있다. 숲 체험 프로그램은 아이들이 산이나 공원에서 자연을 느끼고 관찰하며 창의력과 사고력을 키울 수 있도록 돕는 프로그램으로 시에서 운영하는 것 외에도 생태학교, 수목원 등 다양한 곳에서 진행하고 있다.

• **서울 내 공원 프로그램**

서울시는 각 구마다 이러한 숲 체험 프로그램을 운영하고 있는데 서울의 공원 홈페이지(parks.seoul.go.kr)에 들어가면 다양한 숲 체험 프로그램을 찾아볼 수 있다. 또한 인터넷을 통해 숲 체험 프로그램을 검색하면 각 지역에서 운영하는 프로그램들을 살펴볼 수 있다.

강동구 그린웨이 : 강동구 그린웨이 구간 중 일자산, 고덕산, 둔촌습지 등에서 진행되는 프로그램이다. '일자산 숲길 여행', '자박자박 동네 한 바퀴', '아빠와 손잡고 숲 나들이' 등을 운영한다. 둘째, 넷째 주 일요일에 진행되는 '숲 이야기가 있는 그린웨이 걷기'는 총 3코스의 강동 그린웨이에서 진행되며 둔촌습지의 생태, 도롱뇽서식지 관찰 등 자연생태체험을 즐길 수 있다.

길동 생태공원 : 3만2천여 그루의 수목과 3만여 마리의 야생동물이 서식하는 곳이다. 연령별, 활동별로 체험 프로그램을 운영하고 있다. 유아를 대상으로 하는 오감 체험, '길동 새싹생태체험', 여러 종류의 물속 생물을 관찰하는 '물속 생물 관찰' 등 프로그램도 다양하다.

남산 공원 : '남산 숲길 여행'이 매주 일요일에 진행된다. 숲 속 식물을 관찰하고 계곡에서 물속 생물을 찾아보는 내용의 가족 프로그램으로 아

이와 부모가 함께 참여할 수 있다는 것이 장점이다. 한남동 남산 야외 식물원부터 한옥마을까지 돌아볼 수 있는 것도 특징이다.

북서울 꿈의 숲 : 호수와 정자, 폭포와 같은 경관과 공연장, 전망 타워 등 문화 공간이 함께 조성되어 있다. 인기 프로그램으로는 곤충을 관찰하고 책을 만들어보는 '곤충탐험대', 부모와 같이 술래잡기를 하고 생태 의자를 만들어보는 '숲에서 가족과 놀자' 등이 있다.

월드컵공원 : 침엽수를 관찰하고 공원 생태 체험을 해보는 '침엽수 관찰교실', 열매와 씨앗의 차이, 씨앗을 먹는 동물에 대해 배워보는 '자연놀이' 등은 대표적인 유아 프로그램이다. 인기 프로그램으로는 온 가족이 함께 새눈을 살펴보고 알아보는 '토요가족자연관찰회'가 있다.

• **식물원**

한국자생식물원 : 오대산국립공원 일대의 지역적인 특성과 자연환경을 이용한 식물원으로 우리 고유의 꽃과 나무들로 조성되어 있다. 생태 식물원은 오대산을 아우른 지역의 꽃을 자연 그대로 감상할 수 있고 신갈나무 숲길은 아이와 산책하기에 좋다.

한택식물원 : 6천여 종의 식물들을 만날 수 있는 동양 최대 규모의 식물원

이다. 생태원은 숲 속의 느낌을 그대로 살려 만든 곳으로 잘 알려져 있고 아이들이 둘러보기에도 부담이 없다. 자연생태학교, 가족생태체험여행 등 다양한 프로그램이 마련되어 있다.

가야산 야생화 식물원 : 국내 최초의 야생화 전문 식물원. 6백여 종의 나무와 야생화를 관찰하며 자연학습을 할 수 있고, 식물원 주변에 포천 계곡, 독용산성, 성주댐 등이 있어 여행과 역사 공부까지 함께 할 수 있다.

홍릉수목원 : 명성황후 능인 홍릉이 있던 자리에 세워진 국내 최초의 수목원이다. 국립산림과학원이 관리하고 있는 연구 중심의 수목원이라 일요일에만 무료로 일반인들에게 개방한다. 규모는 그리 크지 않지만 다양한 종류의 나무와 풀, 꽃을 만날 수 있고 도시 안에서 주말 한나절을 즐길 수 있다는 장점이 있다.

(자료출처: 매거진 〈베스트 베이비〉)

07

그 사람, 황성재는…

한국의 에디슨이라 불리는 일명 꼴찌 발명가. 현재 카이스트 문화대학 기술원 박사 과정 중에 있으며 카이스트 학생 최초로 IT 분야 특허권을 따내 수억 원을 받고 기업에 기술을 이전한 것으로 유명하다. 고등학교 시절, 반 꼴찌를 달리다가 광운대와 카이스트 석·박사 과정을 거치면서 기발한 아이디어로 '특허청장상' '지식경제부 장관상'을 수상했고 2010년에는 '올해의 IP(지식재산)상'을 받았다. 스마트폰의 멀티터치 기술을 이용한 '가상 손가락', 쉬운 한글 입력 기술 등 특허권을 가진 기술만 1백여 종이 넘는다.

카이스트 발명왕
황성재의

재능

그리고 어머니 강훈옥

황싱새 언구원을 키운 어머니의 교육 철학

- No. 1이 아니라 Only 1이 되어라
- 틀 안에 들어가지 말고 스스로 틀을 만들어라

정신 산만한 꼴찌, 카이스트에 들어가다

소년의 목표는 하루하루 재미있게 노는 것이었다. 상상, 공상, 만드는 것(조립), 유도, 바이올린 등 운동부터 음악까지 해보고 싶은 것도 많았고, 운 좋게도 하고 싶은 것은 다 해볼 수 있었다. 중학교 때는 댄스팀을 만들어 공연을 다니기도 했고, 더 큰 후에는 개그맨 시험을 보기도 했다. 유일하게 하고 싶은 것 목록에 포함되지 않은 것이 공부였고, 그래서 황성재의 고등학교 성적은 '양', '가'가 대부분인 최하위권에 속했다. 완벽한 꼴찌였다.

고등학교 2학년이 된 어느 날, 황성재는 우연히 참가한 발명 전시회에서 가슴 뛰는 경험을 한다. 학생과학발명대전에서 휴지를 당기면 자동으로 끊어주는 '절약 휴지통(낭비 방지 휴지통)'으로 수상을 하게 된 것이다. 사실 수상보다는 서울에 놀러 갈 목적으로 참가한 대회였다. 하지만 자신이 창작한 작품을 자랑스럽게 발표하는 또래들의 모습을 보고, 그는 나도 지금보다 훨씬 더 나은 과학자, 발명가가 되어야겠다는 생각을 처음으로 하게 됐다. 그러자면 공부를 해야만 했다.

그는 대회 참가 후 공부에 몰입했고 단시간 내에 기적처럼 성적을 올려 대학에 진학했다. 그리고 컴퓨터공학과를 거쳐 카이스트에 입학, 상상해왔던 일들을 하나씩 실현해나가기 시작했다. 아직 스마트폰이 대중화되지 않은 2009년, UI(user interface) 기술을 생각해 당시 전 세계에 스마트폰을 장악하고 있던 기업들의 문제점을 파악하고 그 해결책을 마련하면서 이름을 알렸다.

그 후로도 쉽고 간편하다는 장점 때문에 2년 동안 무려 다섯 건이나 기업들이 그의 아이디어를 사가기도 했다. 석사 한 명의 아이디어를 국내 기업들이 경쟁적으로 기술 이전으로 사들이는 것은 매우 드문 일이었다. 현재 박사 과정에 있는 그가 내놓은 특허 건수만 해도 무려 1백여 건. 그에게 발명은 세상에서 가장 재미있는 지적 놀이이다.

No. 1이 아니라 Only 1이 되어라

어린 시절 못말리는 개구쟁이였던 황성재 연구원은 부엌에 있는 프라이팬과 접시를 가지고 와서 젓가락으로 드럼처럼 두드리고 소리 지르고 노래 부르며 마음껏 놀았다. 그러면 그의 어머니는 설거지를 하면서 조용히 웃기만 했다. 아이는 친구들과 잘 지내고 선생님과의 관계도 좋았지만 학교 수업에는 통 집중하지 못했다. 모두가 똑같은 걸 공부하는 게 지루하다고 생각했다

어머니는 아들을 입시학원에 보내보기도 하고 공부를 시키려고 많은 고민을 했지만, 아이는 책상 앞에서 오래 버티지 못하고 도중에 일어나기 일쑤였다. 그래서 어머니는 생각을 다르게 해보았다. 자기가 잘 할 수 있는 일은 욕심을 내는 아이인데 중도에 포기할 정도면 정말 공부에 관심이 없구나, 하고 생각했던 것이다. 게다가 주변에서 사춘기를 겪으며 어긋나는 아이들을 많이 봐왔기 때문에 아들이 하고 싶어 하는 대로 내버려두고 지켜보기로 했다. 그래서 "네가 하고 싶은 걸 마음껏 해봐라"라고 말해주었다. 그렇게 자기 하고 싶은 걸 하다보면 자기 적성에 맞는 진로를 찾고, 그러다보면

제 갈 길을 찾겠다 싶은 깊은 뜻도 있었다.

실제로 황성재 연구원은 학생과학발명대전에서 상을 타고 발명가가 되겠다고 진로를 결정한 뒤 무섭게 공부하기 시작했다. 뛰어난 발명가가 되기 위해 컴퓨터공학과를 가야겠다는 목표가 뚜렷해졌기 때문이다. 그런데 마음잡은 것까지는 좋았는데 그동안 너무 놀기만 했던 게 탈이었다. 고등학교 수업 수준을 따라가지 못했던 것이다.

그는 중학교 문제집부터 다시 펼쳤다. 기초부터 시작하느라 힘들었지만 그 덕에 어렵던 공부에 재미가 붙었다. 남들이 6년 걸렸던 과정을 1년 만에 마쳐야 하는지라 등교해서 집에 갈 때까지 자리에서 한 번도 일어나지 않고 공부해야 했다. 그렇게 무섭게 공부에 파고들어서 1년 사이 무려 200점 이상 모의고사 점수를 올리고, 수능 350점이라는 기적의 주인공이 됐다.

평범한 부모가 생각하기에도 황성재 연구원의 학창 시절 성적은 걱정스러운 수준이었다. 하지만 어머니는 아들이 남들과 똑같은 분야에서 1등을 하기 위해 경쟁하기보다는 자신만의 길을 찾길 바랐다. 3남 3녀 중 둘째 딸로 당시로서는 드물게 서울의 한 여대를 졸업한 어머니는 자신이 아이를 키우게 되면 자신의 어머니와는 다르게 교육시키겠다는 마음이 있었다. 그녀의 어머니가 엄격하게 제시했고 자녀들이 반드시 지켜야만 했던 규칙들이 몹시 싫었던 탓이었다. 자신의 아이는 스스로 체험해보고 미래를 결정하길 바랐다. 자신이 잘 할 수 있는 일을 할 때 Only 1이 될 수 있다는 확신도 있었다.

아니나 다를까 그는 진로를 결정하자마자 그토록 멀리하던 공

부를 파고들기 시작했다. 자기가 하고 싶은 걸 하니까 표정조차도 즐거워 보였다. 어머니의 생각이 틀리지 않았던 것이다.

"공부로 1등 하는 사람이 꼭 성공하는 것도 아니고 세상에는 할 일이 너무 많거든요. 자기가 좋아하는 일, 잘 할 수 있는 일을 하면 그 부분에 대해선 Only 1이 될 수 있지 않겠나 했어요. 성재에게 특별하게 해준 건 없지만 아이가 자신감을 가질 수 있게끔, 공부가 아니더라도 본인이 하는 일은 실패나 실수를 하더라도 믿고 기다려줬어요." – 어머니 강훈옥

틀 안에 들어가지 말고 스스로 틀을 만들어라

만들기나 그림 그리는 걸 좋아했던 황성재 연구원은 마음에 들지 않는 친구의 얼굴을 검정색으로 그리곤 했다. 마음이 어두운 사람이니까 검은색으로 칠했다는 게 그 이유였다. 보통은 아이가 사과를 그린다고 하면 무조건 빨간색으로 칠해야 한다고 가르친다. 어른의 시각으로 아이의 상상력을 제한하는 것이다. 그러나 어머니는 그럴 수도 있다고 이해해주었다. 아이가 자기 생각을 그리는 것이니 사과는 빨간색도 될 수 있고, 노란색도 될 수 있다고 보았다.

그는 행글라이더도 설명서대로 만들지 않았다. 어머니는 제가 만들고 싶은 모양대로 만들도록 내버려두었다. 하지만 바람의 방향, 속도를 고려하지 않은 채 모양만 바꾼 행글라이더가 날 리 없었

다. 그래도 성재는 그 과정을 통해 행글라이더의 원리를 알 수 있었다. 어머니는 하고자 한다고 다 되는 게 아니라는 것을 아들이 직접 느끼기를 바랐고, 경험을 통해 성재는 그것을 배웠다.

스스로 생각의 틀을 만드는 아이에게는 기존에 만들어진 틀은 재미가 없다. 그런 아이들은 자신이 원하는 걸 할 수 있는 환경이 갖추어져야 자신의 상상을 하나씩 실현하기 시작한다. 한 손으로 휴대폰을 조작하는 '가상 손가락'도 휴대전화는 두 손가락으로 터치를 해야 화면이 확대, 축소, 회전된다는 기존의 생각의 틀을 깨고 얻은 발명품이다. 버스에서 한 손으로 손잡이를 잡은 채 다른 손으로 휴대전화를 잡고 어렵게 멀티 조작을 하는 학생을 보고 만든 것이다. 실제 손가락 외에 가상 손가락이 생기게끔 해서 멀티터치 기술을 이용해 실제 손가락을 움직이면 가상 손가락도 따라 움직이도록 했다. 이 기술은 발표하자마자 화제가 되었고 한 기업에서 큰돈을 주고 아이디어를 사갔다. 어디서나 흔히 볼 수 있는, 스마트폰 사용자는 지켜보고 관찰하면서 불편한 점이 무엇인지를 알아내고, 새로운 시각으로 문제를 해결한 것이다.

세계적인 석학인 다니엘 핑크는 『새로운 미래가 온다』는 책에서 미래를 지배하는 인재의 여섯 가지 조건으로 디자인, 스토리, 조화, 공감, 놀이, 의미를 꼽았다. 과거 의사, 변호사, 회계사 등이 명예와 부를 차지하던 시대에서 기술이 진보하고 글로벌화되면서 창의성과 감수성이 발달한 인재들이 대접받는 시대가 되었다. 인터넷이 발달하면서 지식 습득이 예전보다 중요한 범위를 차지하지 않게 되었다. 과거에는 베토벤 음악을 들려주고 몇 악장의 어떤 교향곡인지를 달달 외워야 했지만 이제는 손에 쥔 스마트폰으로 검색만

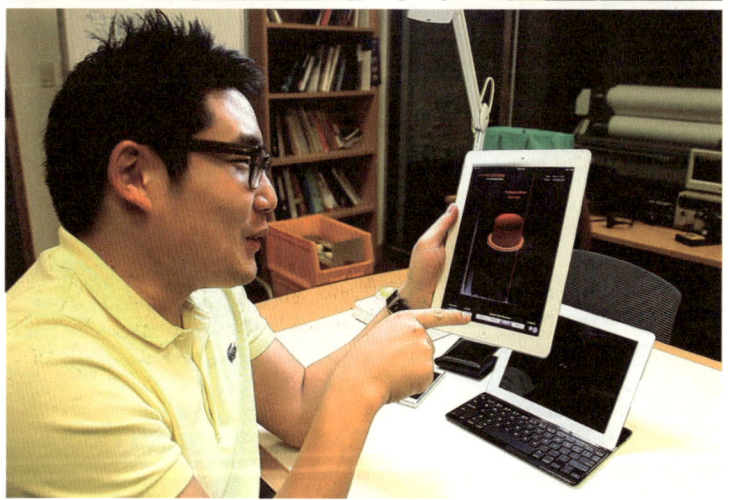

하면 된다. 창작 연도부터 작곡 배경, 베토벤의 연인, 당시에 썼던 일기까지 순식간에 검색이 가능하다. 이처럼 단편적인 정보들을 검색, 저장할 수 있게 되자 문제를 정확하게 푸는 능력보다 이 정보들을 가지고 새로운 것을 재구성하고 창출하는 능력을 갖춘 사람이 더 중요해졌다.

주어진 문제를 빨리 푸는 우등생은 구하기 쉽지만 현대 사회가 원하는, 문제 자체를 정의하고 새로운 눈으로 바라보며 자신만의 독특한 시각으로 문제 해결을 풀어나가는 창의적인 인재는 드물다. 과거 같으면 열등생이었을 황성재 연구원이 인재로 인정받게 된 이유도 이와 비슷한 맥락이다.

어머니에게
傳하다

어머니는 20여 년간 남편이 운영하는 기능성 생활용품 공장의 살림을 맡아 왔다. 아버지는 늘 새로운 사업 아이템이 없을까 고민하고, 해외의 최신 정보들을 한국에 처음 소개하곤 했다. 결혼해서 지금까지 아버지가 벌였던 사업만 해도 열 가지가 넘는다. 늘 새로운 도전을 하는 남편이 불안했을 법도 한데 어머니는 그것을 다 과정이라 생각하고 이해했다. 어떻게 보면 성재는 아버지를 꼭 닮은 아들이었다. 어머니는 아무도 가지 않은 길의 어려움을 잘 알면서도 부자가 그 길을 걸어갈 수 있도록 응원해주었다. 아이에게 틀에 박힌 사고를 강요하지 않았고, '틀리다'가 아니라 '다르다'고 말해주었던 어머니. 모든 사람이 1등이 될 수 없고 각 분야에서 자기 일을 사랑하는 전문가들에 의해 세상이 돌아간다고, 그러니 꼭 남들과 같은 1등이 될 필요는 없다고 독려해주었던 어머니였다.

"어릴 때 공부를 하고 높은 점수를 받았다고 해서 그게 성인이 되어서까지 기억에 남지는 않잖아요. 그러면 진짜 공부를 한 게 아니라고 생각해요. 그 이유는 충분히 여유를 가지고 심도 있게 그 자체를 받아들이지 않았기 때문이 아닐까요? 어머니는 제가 어떤 사물을 보거나 공부를 할 때 즐거운 마음을 가지고 여유롭게 할 수 있도록 해주셨어요. 공부를 못 한다고 혼내시지 않고 오랫동안 기다려주시고 응원해주셨죠." - 황성재

맞춤형 자녀교육 포인트

우리 아이의 강점 지능은?

가드너의 8가지 지능

미국 하버드 대학의 교육심리학 교수인 하워드 가드너는 1983년 '다중지능 이론'을 발표했다. 인간의 지능은 8가지 지능으로 구성되고, 사람마다 강점 지능이 다르다는 주장이다. 이 주장은 그 전까지 절대적인 평가 기준이었던 지능지수(IQ)는 인간이 지닌 능력의 일부로, 그 외에도 다양한 능력과 소질이 있다는 걸 알리면서 주목 받았다. 그렇다면 우리 아이의 강점 지능은 8가지 중 어떤 것일까?

1. 언어 지능

언어 지능이 높은 아이는 언어 활용 능력이 뛰어나 말이나 글로 자신의 생각이나 느낌을 잘 표현하고 재치와 유머가 있다. 또 다양하고 풍부한 언어를 잘 활용해 말이나 글로 다른 사람들을 웃기거나 잘 설득한다. 아이가 언어 지능에 강점을 보인다면 도서관을 방문해 좋아하는 책을 읽도록 하고, 독서 감상문 등을 통해 강점 지능을 개발하는 게 좋다.

+ 강점 지능 활동

책 읽고 독후감 쓰기 / 자기 생각이나 행동을 말로 표현하기 / 이야기 꾸미기 / 가족과의 토론 시간 마련하기

+ 유망 직업

작가, 시인, 방송인, 기자 등

2. 음악 지능

소리, 리듬, 가락 등의 음악적 양식을 이해하고 작곡 등의 기술에 뛰어난 능력이다. 아이가 음악 지능이 뛰어나면 노래를 부르거나 악기를 다루거나 새로운 곡을 창작하는 데 소질을 보인다. 사람의 목소리와 같은 언어적인 형태의 소리뿐 아니라 비언어적 소리에도 예민한 경우가 많다. 뱃속 태아도 22주 정도가 되면 소리를 들을 수 있다. 청각은 태담을 비롯해 태교에서도 많은 비중을 차지한다. 언어 발달 초기에 말에 리듬을 실어 교육하면 그 효과가 뛰어나다. 의성어, 의태어 교육은 아이의 언어발달과 표현력 향상에 가장 좋은 방법이다.

+ 강점 지능 활동

콘서트 관람하기 / 피아노, 바이올린 등 악기 연주하기 / 라디오나 음악 CD를 통해 음악과 접할 수 있는 기회를 자주 만들어주기

+ 유망 직업

가수, 연주가, 작곡가, 음악 비평가 등

3. 신체운동 지능

신체운동 지능이 높은 아이는 춤, 운동, 연기 등 몸 동작으로 표현하는 능력이 뛰어나다. 몸의 균형 감각과 촉각이 다른 사람들에 비해 더 발달되어 있어서 생각이나 느낌을 글이나 그림보다는 몸으로 표현하는 걸 더 즐긴다. 가위질, 신문지 찢기, 색종이 찢기 등의 간단한 손 근육 발달시

키는 방법부터 동화책의 한 장면을 연출하는 연극놀이 등이 신체운동 지능을 자극한다.

+ 강점 지능 활동

체조, 축구, 야구, 태권도 등 스포츠 활동 / 종이 접기 등의 공작 활동 / 동화책의 한 장면을 연출하는 연극 놀이

+ 유망 직업

무용가, 배우, 운동선수, 공예가, 조각가, 외과의사 등

4. 논리 수학 지능

문제를 논리적으로 분석하고 과학적으로 탐구하는 능력이다. 논리적 과성에 대한 문제에 부딪히면 추론을 하고 체계적이고 과학적인 방법을 동원해 남보다 빠르게 문제를 해결한다. 논리 수학 지능이 강한 아이는 숫자나 규칙, 명제 등의 상징적인 체계를 잘 이해하며, 수학이나 과학현상 등 여러 대상에 관심을 가지고 탐구하고 규칙이나 법칙을 발견하기를 좋아한다.

+ 강점 지능 활동

가설 세우기 / 퍼즐 게임, 숫자 게임

+ 유망 직업

수학자, 통계학자, 법률가, 컴퓨터 프로그래머, 과학자 등

5. 대인관계 지능

다른 사람들을 잘 이해하고 적절하게 반응하는 능력이다. 대인관계 지능이 뛰어난 아이는 다른 사람들의 기분, 감정, 동기 등에 대한 이해가 빠르고 얼굴 표정이나 음성, 몸짓 등에 나타나는 다양한 신호 등을 변별하고 이에 효과적으로 대처한다. 아이의 장점을 키워주기 위해서는 많은 사람들과 상호작용할 수 있는 기회를 자주 만들어주는 것이 좋다.

+ 강점 지능 활동

친구 관계에서 생긴 문제를 풀어나가도록 이끌기 /
고아원, 양로원 등의 봉사활동 참가하기 /
모둠 활동 등 단체 활동에 참여시키기

+ 유망 직업

교사, 정치인, 심리치료사, 사업가, 정치가, 종교 지도자 등

6. 공간 지능

시공간을 인지하는 능력이다. 도형, 그림, 지도, 입체 설계 등 공간적 상징체계를 분석하는 능력이 뛰어나 물건을 보기 좋게 배치하거나 새로운 작품을 창작하는 능력이 뛰어나다.

+ 강점 지능 활동

지도 읽고 그리기 / 방문했던 곳 설명하기 /
기행문이나 견학문 쓰기 / 사진 찍기

+ 유망 직업

건축가, 조각가, 그래픽 아티스트, 발명가 등

7. 자기성찰 지능

자기 자신을 이해하고 자신의 욕망, 두려움, 재능 등을 잘 다루어 바람직한 삶을 살아갈 수 있는 능력이다. 자신의 감정과 능력을 잘 인식하고 활용하기 때문에 자기성찰 지능이 높은 사람은 누구보다 자아존중감이 강하다.

+ 강점 지능 활동

아이 스스로 결정하고 선택할 수 있도록 하기

+ 유망 직업

성직자, 정신분석학자, 작가, 예술가, 상담사 등

8. 자연탐구 지능

동식물이나 주변 환경을 관찰해 특징에 따라 분류하고 전문 지식과 기술을 발휘하는 능력이다.

+ 강점 지능 활동

동식물 키우기 / 하이킹이나 캠프 같은 야외 활동 하기 /
박물관, 식물원 등 방문하기 / 애완동물 돌보기

+ 유망 직업

식물학자, 동물학자, 과학자, 조경사, 수의사, 한의사, 지질학자 등

08

그 사람, 장윤주는…

대한민국을 대표하는 톱모델. 고등학생 때 국내 최대 패션쇼인 SFAA 컬렉션에서 한국을 대표하는 디자이너의 쇼 오프닝과 피날레를 장식하면서 데뷔했다. 모델로서는 다소 작은 173cm의 키, 외꺼풀 눈, 개성적인 얼굴과 독특한 걸음걸이, 신이 내린 몸매라 불리는 황금비율 몸매로 단숨에 세계적인 톱모델로 부상했다. 〈바자〉〈보그〉〈엘르〉 등 세계적으로 유명한 잡지의 메인 모델로 활동했다. 또한 라디오 DJ, 가수 등 넘치는 끼로 다양한 분야에서 활동하고 있다.

대한민국 워너비 모델
장윤주의

개성

그리고 어머니 맹선재

모델 장윤주를 키운 어머니의 교육 철학

- 한번 시작하면 끝을 봐라
- 꽃마다 피는 때는 따로 있다

톡톡 튀는 개성 강한 아이

아들을 바랐으나 첫째, 둘째에 이어 막내딸로 태어난 장윤주는 어릴 때부터 유독 튀는 아이였다. 세 딸 중에서도 자기 감정을 많이 표현해 힘들어 하는 어머니를 사랑한다며 안아주었고, 활발하면서도 예민한 성격에 의외로 코믹한 데가 있었다. 사람들을 웃게 해주는 개그맨을 진지하게 꿈꾸기도 했다. 하지만 늘 밝고 낙천적인 것만 같은 그녀에게도 콤플렉스가 있었다. 그녀는 또래에 비해서 너무 큰 키와 마른 몸 때문에 주눅들었다.

부모님을 설득해 모델학교에 들어간 시기는 중학교 3학년, 열여섯 살 때였다. 그러나 막상 모델 공부를 시작해보니 꿈과 현실은 달랐다. 장윤주는 또래보다 큰 키였지만 모델로서는 작은 키여서 모델에 적합하지 않다는 냉혹한 평가가 이어졌고 같이 들어온 동기가 그녀보다 먼저 데뷔하는 걸 지켜봐야만 했다. 그렇게 연습생으로 지낸 지 2년 반 만에 패션쇼에 서며 데뷔를 했고, 그 반향은 폭발적이었다.

대한민국의 모델은 장윤주 전과 후로 나뉜다는 말이 있다. 당시 모델업계는 키가 크고 쌍꺼풀이 짙은 서구적인 마스크를 지닌 모델이 성공한다는 게 일반적인 정설이었다. 그래서 모델이 되기 위해서는 무조건 키가 커야 했고 예쁘게 외모를 가꾸어야만 했다. 그런데 그런 암묵적인 룰이 장윤주가 나타남으로써 깨진 것이다. 그녀는 옷을 감각적으로 소화해내며 쇼와 화보에 메인 모델로 서기 시작했다.

그녀의 성공은 세계 3대 사진작가로 불리는 스티브 마이젤의 초

청으로 뉴욕에 진출하면서 정점에 달하는 듯했다. 세계 무대에 진출할 수 있는 둘도 없는 기회였다. 그러나 잘못된 계약으로 사기를 당하고, 그녀는 3개월 만에 쫓겨나다시피 한국으로 돌아왔다. 당시 그녀의 나이 열아홉, 아직 혼자 힘으로 문제를 해결하기에는 버거운 나이였다. 결국 업계의 반응은 결코 따뜻하지 않았지만 그녀는 대학에 진학한 뒤 학업을 병행하면서 모델 일을 계속했다.

그동안 친구들과 여행 에세이도 내고, 방송 활동도 하면서 싱어송라이터로 두 장의 음반도 내고 콘서트도 열었다. 그녀는 지금도 지금껏 못 해본 일 중에 가장 후회되는 일이 무엇인지를 생각하고 도전하기를 즐긴다.

한번 시작하면 끝을 봐라

사람들은 장윤주에 대해 어떻게 생각할까? 각종 방송 매체에서 보이는 솔직한 모습 때문인지 "어디서나 당당하고 자신의 색깔을 드러내는 여성" "아름다운 몸매와 프로페셔널한 모습"을 꼽는 사람들이 많다. 모델을 꿈꾸는 젊은이들의 워너비 스타로 떠올랐지만, 어린 시절 그녀의 마른 다리와 몸은 그녀에겐 콤플렉스였다.

"쟤 진짜 말랐다. 저런 애는 별로 매력이 없어" "저기 뼈다귀 지나간다"라는 친구들의 말은 한창 외모에 민감한 사춘기 소녀에게 너무도 큰 스트레스였다. 하물며 별명도 '생선가시'였으니 오죽했을까. 너무 삐쩍 말라 옷이 헐렁하다는 소리를 듣고 주눅이 들어 돌아오는 아이를 보는 어머니의 마음도 편치 않았다. 누군가에게는 호사스러운 고민으로 비춰질 수도 있겠지만 어머니를 닮아 말라서 볼품없다는 말은 어머니에게도 큰 상처였고 딸에게 몹시 미안했다.

그런 콤플렉스가 장점으로 바뀐 건 중학교 수학 선생님의 한마디 때문이었다. 수업 시간에 수학 문제를 풀러 앞으로 나온 장윤주를 본 선생님이 "윤주 너는 남들보다 마르고 팔다리도 기니까 모델을 한번 해보는 게 어때?"라고 권했던 것이다. 그전까지 모델이 뭔지 잘 몰랐던 윤주는 선생님의 말에 모델이라는 직업에 관해 관심을 가지기 시작했다. 그리고 모델이 된 미래의 자신을 꿈꾸기 시작했다. 그토록 싫어했던 '생선가시'라는 별명이 그 수업 시간 이후 '모델'로 바뀐 건 덤이다.

그러나 장윤주가 모델을 하겠다고 했을 때 부모님의 반응은 그녀의 기대와 달랐다. 여자로서 평범한 삶을 살면서 편안하게 지내길 바라는 부모의 입장에서 늘 무대에 서서 남의 시선을 받아야 하는 모델은 달가운 직업이 아니었다. 화려하고 대중의 인기를 먹고 사는 일이라는 선입견도 작용했다. 그러나 윤주가 고집을 피우자 어머니는 심각하게 받아들였다. 그리고 딸 윤주를 살펴보았다. 아이의 성격, 특징을 생각해보기 시작했던 것이다. 윤주는 재미있으면서도 조리 있게 말할 줄 알았다. 둔하지 않고 예민했다. 집에 묶어둔다고 가만히 있을 아이가 아니었다. 아무래도 평범하게 클 아이가 아니라는 생각에 이왕이면 딸의 개성을 잘 살릴 수 있는 쪽으로 선택하기로 결심했다. 그리고 윤주의 바람대로 윤주를 모델 학원에 등록시켰다.

그때 장윤주는 열여섯 살이었다. 학원 연습생 중에서도 가장 나이가 어렸고 남들에 비해 일찍 시작한 셈이었다. 그러나 남들은

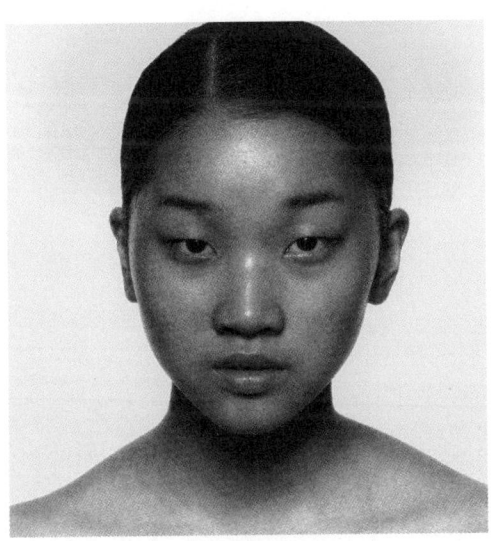

6개월이면 끝나는 워킹 연습만 2년을 했다. 동기들은 일찌감치 패션쇼 무대에 선 반면 그녀에게 주어진 건 끝이 보이지 않는 훈련과 학원 청소 같은 허드렛일이었다. 그러나 그보다 장윤주가 더 견디기 힘들었던 것은 원장 선생에게 매일같이 듣는 "너는 안 돼!"라는 말이었다. 결국 그녀는 모델을 그만두기로 결심했다. 그런데 뜻밖에도 모델 일을 반대하던 어머니가 딸을 붙잡았다.

"끝까지 해보지도 않고 결과가 안 나왔다고 도중에 포기하면 그건 아무것도 아니야. 그러니까 시작하기가 힘든 거야. 시작하면 꾸준히 가야 해. 결정을 내렸으면 그냥 밀고 나가야지." - 어머니 맹선재

시작하기 전까지가 힘든 법이고 충분히 고민해서 결정했으면 그때는 어떤 어려움이 와도 꾸준히 밀고 나가야 한다고, 그래야 나중에 후회할 일이 없다는 이야기였다. 너무 마른 신체 조건이 문제라면 운동을 해보자고 수영을 권한 것도 어머니였다. 그 말에 용기를 얻은 그녀는 어머니가 등록해준 수영장에 빠지지 않고 꾸준히 6개월을 다녔다. 확실히 운동은 효과가 있었다. 어깨도 더 벌어지고 다리에 근육도 생기면서 전체적으로 몸이 탄탄해졌던 것이다. 늘 그녀에게 너는 안 된다고 했던 학원의 원장도 선배 모델들에게 아주 크게 될 거라며 그녀를 소개했다. 윤주가 좋아했던, 모델 정재경은 그녀의 매력과 실력을 인정해주었다. 스스로에 대한 콤플렉스와 좌절로부터 자신감을 되찾을 수 있던 순간이었다.

그리고 첫 패션쇼 무대에 선 날, 장윤주는 오프닝과 피날레를

장식하는 주인공으로 우뚝 섰다. 그 무대를 시작으로 톱 디자이너들이 그녀를 찾기 시작했다.

그런데 다른 모델들보다 키가 작은 만큼 발 사이즈도 작았던 그녀는 무대에 설 때마다 애를 먹곤 했다. 모델들이 쇼에서 입는 구두, 장신구들은 모두 같은 사이즈로 제작이 되는데, 특히 메이저 브랜드의 경우 모델들의 평균 사이즈로 제공이 된다. 그녀에게는 큰 사이즈일 수밖에 없었고 그러다보니 구두를 신고 걷는 것조차 쉽지 않았다.

그녀는 고민 끝에 자신만의 방법을 고안해냈다. 오랜 연습생 시절 터득한 노하우들을 사용한 것이다. 발가락과 무릎을 이용해 신발이 벗겨지지 않도록 했고, 키가 작은 단점은 몸매의 비율이 잘 돋보일 수 있는 워킹법으로 보완했다. 그것이 장윤주식 캣워킹으로 우아하면서도 힘차게 걷는 모습이 고양이를 닮았다고 해서 붙여진 이름이었다. 2년이 넘도록 버텨왔던 연습 기간을 허투루 보내지 않았다는 반증이었다. 어머니의 말대로 끝까지 가보기 위해 노력한 결과, 단점은 그녀를 돋보이게 하는 장점이 되었고 남들이 가지 않은 새로운 길을 개척하게 된 셈이었다.

"연습하면서 너무 힘들고 무시당했던 순간들을 참고 참다가 그만둔다고 이야기했을 때, 어머니가 정말 그만하라고 했으면 포기했을 것 같아요. 미련은 남았겠지만요. 그런데 저도 모르게 어머니 말대로 일단 시작을 했으니 끝을 봐야지, 라는 마음을 가졌던 것 같아요." - 장윤주

꽃마다 피는 때는 따로 있다

　단독주택인 장윤주 부모님 집의 옥상에는 어머니의 세상이 펼쳐진다. 어머니는 4평 남짓, 좁은 옥상에서 갖가지 채소를 직접 키우고 있다. 농약 한 번 치지 않았지만 때가 되면 채소들은 자연스럽게 싹을 틔우고, 잎을 내놓고 열매를 맺는다. 어머니는 지금도 세끼 잡곡밥을 하고 직접 기른 채소로 만든 반찬이 자식들 입으로 들어갈 때 가장 흐뭇하다고 말한다. 장윤주의 외할머니도 100평 남짓한 텃밭을 혼자 가꾸셨다고 한다. 딸은 엄마를 닮는다는 말처럼 장윤주가 신이 내린 몸매라고 불리는 비결도 끼니마다 어머니가 무공해 채소로 만들어주는 음식 때문인지도 모른다. 꽃이 피고 지고, 열매가 맺고 시들어가는 옥상의 텃밭은 계절에 따라 순리대로 움직이는 자연의 법칙을 알려주는 곳이기도 하다.

　장윤주는 데뷔 후 당시 패션 사진계의 거장에게서 화보 촬영 제의를 받고 뉴욕에 진출하게 됐지만, 그녀의 의도와 상관없이 에이전시와 매니저 간의 일들로 다시 한국으로 돌아와야 했다. 그녀가 할 수 있는 일은 아무것도 없었다. 돌아와 다시 모델 일을 시작했고 대학에 입학을 했다. 일을 하면서 공부를 하는 바쁜 생활 속에서 뉴욕에서의 상처도 차츰 가라앉았다. 모델 일을 하며 현실의 자신과 무대 위 자신 사이의 괴리감을 느껴 힘들었던 때도 있었지만 그런 때는 여행을 하며 마음을 다독였다.

　그러나 다시 한 번 망설임의 순간이 찾아왔다. 이십대 후반이 되자 더 늦기 전에 넓은 세상에서 자신의 가능성을 펼쳐보고 싶었던 것이다. 서른이 되기 전에 떠나야 하지 않을까 하는 조바심이 있었다. 하지만 확신은 없었다. 지금까지 이루어온 것들과 하고 있는 일들을 모두 다 포기하고 떠날 자신이 없었다.

그녀가 고민과 망설임 끝에 어머니에게 솔직하게 털어놓았을 때 어머니의 대답은 명쾌했다. "때가 아닌가보다. 더 멀리 보자. 지금이 아닐 수도 있어. 결혼하고 나서 그 때가 올 수도 있잖아." 어머니의 답에 윤주는 답답했던 마음이 확 풀어졌다. 왜 항상 서른 전에 뭔가 해야 한다는 압박감을 느꼈을까, 서른에 떠날 수도 있고 결혼하고 아이를 낳고도 갈 수 있는데, 왜 스스로 생각과 시야를 좁히고 있었을까? 장윤주는 어머니의 말을 되새겼다. 내려놓으니 마음이 편해졌고 당시 하고 있던 일들에 더 힘을 쏟을 수 있었다. 주춤했던 음반 작업을 본격적으로 시작할 수 있었던 것도 그 덕분이었다.

사람들은 꿈을 말하며 늘 그 꿈에 조급하게 다가가려 한다. 내일 이루어질 수도 있을 꿈을 어떻게 해서든 오늘로 앞당기고 싶어 한다. 그리고 그 꿈에, 계획들에 수많은 조건들을 내건다. 그러나 반드시 그래야만 하는 것은 없다. 특히 창의적인 감각이 중요한 감성적인 일을 한다면 그런 조건과 공식들이 오히려 생각과 시야를 좁힐 뿐이다.

어렸을 때부터 꿈이 많고 상상하기를 좋아하고 자신을 표현하기를 좋아했던 장윤주. 다른 분야보다 경쟁이 심하고 빨리 주목받지 못하면 도태되는 패션계에서 그녀는 어머니의 충고로 중심을 잡아갈 수 있었다. 그녀가 자신의 개성을 인정하고 꽃피울 수 있도록 밑받침이 되어주고, 모델 일을 포기하려 했을 때 잡아주었던 이도 어머니였다. 그녀가 여러 갈래의 갈림길에서 주저하고 있을 때 마음

의 부담을 덜어준 이 역시도 어머니였다. 저마다 피는 계절이 다른 꽃이나 열매처럼, 장윤주라는 꽃의 제철은 따로 있으니 조급해 하지 말라는 어머니의 가르침은 그녀를 더 단단하게 만들어 아름답게 피어나게 만들었다.

"자기가 하는 일에서 쉽게 성공하고 잘 되기란 쉽지 않잖아요. 어떤 일이나 과정이라는 것이 있죠. 그런 과정들을 다 극복해야 좋은 결과가 있는 것 아닌가요? 과정 없이는 결과도 없어요. 인생은 그리 만만한 것이 아니니까요. 제가 아이들에게 멀리 봐라, 인내해라, 노력해라, 모든 것은 다 때가 있다, 라고 말하는 건 그게 자신의 꿈을 이룰 수 있는 길이라고 생각하기 때문이에요. 그리고 항상 뭔가 더 생각할 수 있는 여지가 있어야 해요." - 어머니 맹선재

어머니에게 傳하다

스물다섯에 직장생활을 하기 위해 충남 온양에서 서울로 올라온 어머니는 주어진 일을 끝까지 하는 야무진 직원이었다. 거래처에 일을 언제까지 해주겠다고 약속하면 거의 밤을 새다시피 하면서 자기 책임을 다했다. 그런 어머니에게 여섯 살 연하인 아버지가 마음을 빼앗겼고, 두 사람은 당시만 해도 드물었던 연상연하 커플로 결혼을 했다. 손끝이 야무져 시부모님이 예뻐하던 며느리는 밖에서는 고지식하고 말이 없다는 말을 들었지만, 집에서는 가정을 지키는 씩씩한 여장군과 같은 어머니가 되었다.

장윤주는 그런 어머니의 존재로 인해 무대 위와 일상을 구분지을 수 있게 됐고, 자신만의 개성 있는 매력으로 대중에게 다가갈 수 있었다.

"어떻게 보면 엄마라는 존재, 엄마의 삶, 엄마의 공간, 엄마의 작은 생활까지도 장윤주라는 사람, 인간적인 나를 더 빛나게 해준 것 같아요. 엄마가 있기에 제가 있는 그대로 더 빛이 나는 것 같아요. 엄마는 열심히 일하고 나를 멋있게 표현하기 위해서는 일상의 모습이 더 멋있고 인격적으로 갖춰져야 한다고 강조하셨어요. 엄마는 나의 진짜 인격과 모습을 더 빛나게 해주시는 분이에요."

— 장윤주

맞춤형 자녀교육 포인트

아이의 개성과 소질 계발을 위한 창의적 체험활동 참여해보기

올해부터 바뀌는 개정 교육과정에서는 교과 외 활동인 창의적 체험활동 시수가 대폭 늘었다. 학교마다 약간의 차이는 있지만 초중고의 모든 학생들은 의무적으로 체험활동에 참여해야 한다. 입시 위주의 운영에서 벗어나 아이들의 능력과 공동체 의식을 기르고 개성과 잠재적 소질을 계발하려는 취지이다. 이와 같은 창의적 체험활동에 대한 정보를 얻을 수 있는 곳을 소개해본다.

• 서울특별시 교육청 창의적 체험활동 지원센터

홈페이지에서 활동에 활용할 수 있는 자원지도, 체험활동 사례, 창의인성 모델학교 운영계획서, 문화예술행사 정보 등을 공유할 수 있다. 또한 창의·인성 마당에는 15개의 창의·인성 모델학교 운영계획서와 교사들이 연구·개발한 교수학습지도안이 실려 있다. 교수학습지도안을 통해 실제 수업에 적용한 사례도 최종보고서 형태로 게재되어 있어, 학교에서 어떠한 창의 활동이 이루어지고 있는지 궁금하다면 도움 받을 수 있다. 문화예술마당 카테고리 안에 있는 문화예술 행사 정보에서는 대상과 기간별로 필요한 각 프로그램명과 비용 등을 알아볼 수 있다.

• 교육과학기술부 창의인성 교육넷

사이트 메뉴 중 창의적 체험활동 마당에 들어가면 창의적 체험활동 자원지도를 선택해서 자신이 원하는 지역, 날짜 대상, 영역을 선택해 자신에게 필요한 정보를 얻을 수 있다. 자원지도는 창의적 체험활동 장소를 권역별로 지도에 표시해 어디에 어떤 체험장이 있는지 지역별로 쉽게 알아볼 수 있도록 했다.

• 경기문화재단 문화포털

문화행사, 전시정보, 교육정보, 미술관 등의 문화예술공간 이용까지 폭넓은 정보를 얻을 수 있다. 서울 및 경기도 내의 다양한 교육정보를 어린이, 성인, 가족, 단체, 전문가로 나누어 상세히 검색할 수 있다.

• 다음 체험학습 사이트

다음 체험학습 사이트에서는 박물관, 미술관, 역사, 과학, 체험 등 다양한 창의적 체험활동 정보를 얻을 수 있다. 경기문화재단보다 더 전국적으로 많은 정보를 얻을 수 있어서 방학이나 주말을 이용해 가족과 체험

학습하기에 좋은 정보를 쉽게 찾을 수 있다.

(자료출처 : IDEA 팩토리, 〈창의적 체험활동 정보, 한눈에 보기〉)

마지막으로 창의적 체험활동 종합지원시스템인 에듀팟(www.edupot. go.kr)에 활동 결과를 기록할 수 있다. 이를 이용하면 자신의 다양한 체험활동 및 소질, 잠재력을 보여주는 포트폴리오가 완성되는 셈이다. 입학사정관제 전형에서도 창의적 체험활동을 학교생활기록부만으로 파악하기 어려운 학생 개인의 잠재력과 적성을 평가하는 자료로 활용하고 있다. 단, 개인적인 체험활동은 기록으로 인정되지 않는다. 학교장이 승인한 것만 기재가 가능하다.

창의적 체험활동에 참여하려면 각 학교에서 운영하는 프로그램을 이용하거나 교과부가 운영하는 교육기부 포털(http://teachforkorea.go.kr)을 참조하면 된다. 교육기부에서는 기업과 연계해 경제교실, 교통안전교육, 요리교육, 디자인교육, 진로체험교육 등을 실시하고 있다.

예를 들어 외환은행의 청소년 인턴십 체험단(고등학생 대상)은 미래 직업탐방 프로그램에서 은행 업무를 경험해볼 수 있는 체험학습 프로그램을 진행한다. 삼성 SDS의 '정보화 농촌마을 어린이행사 지원'은 농촌마을과 자매결연을 맺어 직접 농수산물거래에 참가하고 일정액을 기부하는 프로그램이다. SK 해피스쿨은 저소득층 청소년을 대상으로 한 자립지원 프로그램으로, 국내 클래식 연주자와 요리 전문가 등이 멘토로 참여해 재능을 기부하고 진로상담을 해준다.

09

그 사람, 박경아는…

우리나라 최초의 여성 해부학자인 고려대 명예교수의 딸로, 어머니의 뒤를 이어 해부학자의 길을 걷고 있다. 연세대 의대에서 본과 졸업생들이 수여하는 '올해의 교수상'을 3회 받았다. 넘치는 에너지로 세계 각국의 여의사 대표들과 교류하며 지도력을 인정받아온 그녀는 2013년 세계여의사회 회장으로 선출됐다. 1989년 주일억 한국여의사회 고문 이후 두 번째 한국인 회장이다. 세계여의사회는 여의사에 대한 편견과 차별이 심했던 1919년 여의사들이 모여 영향력을 키우려는 취지로 설립한 단체로, 90여 개국이 가입했다. 현재 아프리카 수단의 여성 할례 금지운동, 의료·약의 효과에 남녀 차이를 밝히는 연구 등 다양한 활동을 펼치고 있다.

세계여의사회 회장
박경아 교수의

원칙과 소신

그리고 어머니 나복영

박경아 교수를 키운 어머니의 교육 철학

· 남들이 가지 않는 길, 그것은 1%의 개척이다
· 규칙은 규칙이다

모녀가 일군 100여 년의 해부학 인생

박경아 교수는 올해 나이 89세의 어머니와 함께 산다. 어린 시절, 해부학 교수였던 어머니의 학교는 그녀의 놀이터였다. 수업이 끝나면 그녀는 매일 어머니의 연구실로 놀러 갔다. 그곳은 그녀에게는 신비한 공간이었다. 처음 보는 사람의 뼈, 포르말린에 담가놓은 장기 표본, 태아 표본 등 다른 사람이라면 기겁하겠지만 그녀에게는 친숙하고 흥미로운 것들이었다. 이미 해부학자인 어머니 덕에 그런 환경에 익숙해진 어린 소녀에게 해부학 교실은 무섭거나 두려운 곳이 아니었다.

나복영 교수는 어머니 이전에 교수였다. 어머니는 어린 딸뿐만 아니라 당시 제자들 사이에서도 '한 치도 흐트러짐이 없는 정확하고 반듯한 학자'로 통했다. 항상 완벽한 옷차림으로 강단에 섰고, 강의실에서는 학생들이 절대로 딴짓을 못 하고 수업에 집중하게 만드는 흡입력이 있었다.

박경아 교수가 가장 아끼는 보물은 장롱 깊숙이 보관해둔 50년도 더 된 낡은 원피스이다. 어머니가 처음으로 딸과 떨어져 지낸 미국 연수기간 중에 그녀에게 사준 것이다. 풍족하지 않았을 때인데도 어머니의 안목으로 딸은 특이하고 예쁜 옷이 많은, 옷 잘 입는 아이로 소문이 났다. 딸이 아버지의 빈자리를 느끼지 못했을 정도로 어머니는 당신이 할 수 있는 최선을 다했다. 어머니가 미국 연수 시절에 그랬듯이 박경아 교수는 독일 유학시절, 어머니에게 그날그날 있었던 일들을 빼곡하게 써서 편지를 보냈다. 당시 어머니와 주고받은 편지가 줄잡아도 몇 백 통은 될 정도다.

어머니 나복영 교수가 해부학의 기초를 다져놓았던 시절과는 비교할 수 없이 해부학은 발전을 거듭해왔다. 해부할 시신을 구하기 어려워 이곳저곳 직접 시신을 찾아 다녔던 어머니의 이야기는 이제 해부학의 역사가 되었다. 어두컴컴한 지하실에 위치했던 해부학 실습실은 양지로 나왔고 포르말린 냄새로 가득 찼던 실습실도 이제는 양압식으로 지어 냄새를 아래로 빨아들인다. 시대는 바뀌었지만, 어머니의 강의를 동경하고 어머니의 재미있는 이야기와 손짓, 옷차림까지 그대로 닮고 싶어했던 딸은 어머니와 같은 대학을 졸업한 뒤 그 뒤를 이어 해부학 교수가 되었다. 원칙과 소신으로 자신의 길을 걸어온 어머니의 길을 이제는 딸이 걷고 있는 것이다.

남들이 가지 않는 길, 그것은 1%의 개척이다

'죽은 자가 산 자를 가르치는 시간'. 의대 본과 1학년 학생들의 해부학 실습이 있는 날, 박경아 교수는 생생한 실례를 들어가며 수업을 이끈다. "머리가 외계인처럼 커지는 아기들을 예로 들어볼까. 뇌수종에 걸리면 뇌실이 말도 못하게 커질 수 있거든. 그래도 아기들은 별문제가 없어. 수술해서 정맥 쪽으로 뽑아주면 싹 없어지거든" "여긴 비주얼센터, 우리 모든 시각의 중추야. 이게 참 재미있어. 뒤통수 맞으면 눈이 튀어나오는 만화 있지? 그 포인트가 여기야"라는 식으로 쉬운 예를 들어가며 어려운 해부학 실습에 흥미를 불어넣는 것이다. 그녀의 강의는 명강의로 통한다. 낙천적인 성격에 학

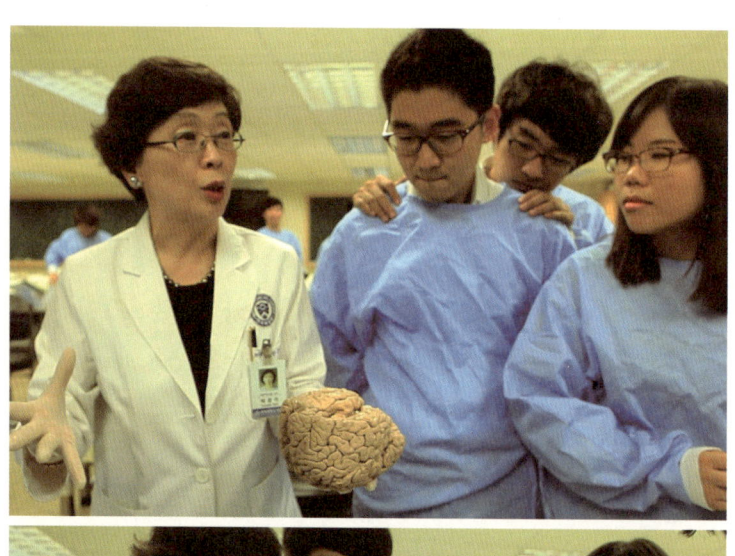

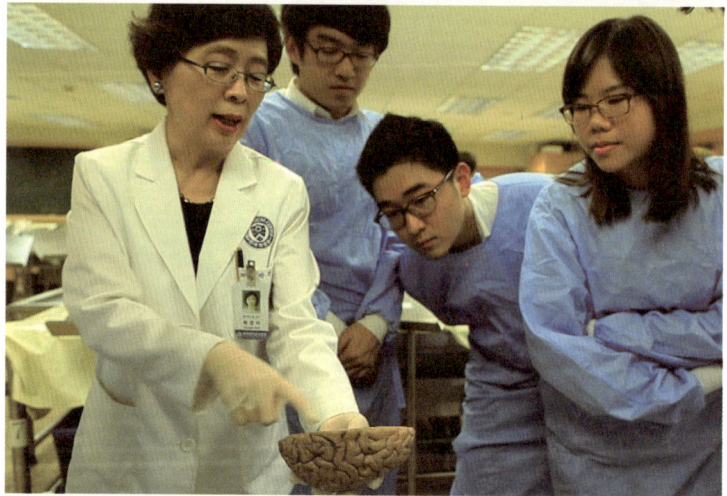

회활동도 활발히 하고, 수업 또한 그만큼 재미있고 체계적이라는 평을 듣는다. 의대 본과 4학년 졸업생들이 선정하는 '올해의 교수상'을 수상한 횟수만 3번. 교수상을 3번이나 받은 교수는 박경아 교수가 유일하다. 딸은 엄마를 닮는다고 했던가. 과거 나복영 교수의 강의도 강의하는 동안 학생들이 질대로 딴짓을 못 하고 집중할 정도로 흡입력이 있었다는 평을 들었다.

의과대학의 구성조차 잘 안 되었던 해부학 초창기 시절, 어머니인 나복영 교수는 그 초창기 멤버였다. 어린 시절부터 선생님이 되고 싶었던 어머니는 의학전문학교에 입학해 의학 중에서도 가장 기초가 되고 학점이 컸던 해부학을 전공한 뒤 대한민국 최초의 여성 해부학 교수가 되었다. 그렇게 남들이 가지 않는 길을 선택한 데에는 어머니만의 소신이 있었다.

"해부학은 학점이 제일 컸지만, 학생들이 접근하기 꺼려하는 분야였어요. 시체를 만져야 해서 전공하려는 학생들이 별로 없었어요. 아무도 지망하지 않았죠. 그즈음에는 몇 년 동안 해부학 교실이 조교조차 얻지 못하는 형편이었고요. 그런데 남들이 다 하는 것을 하면 거기서 뭐 특별하게 잘 할 수가 없잖아요. 그래서 남이 안 하려고 하는 것을 내가 해보자고 생각했어요." - 어머니 나복영

당시만 해도 의대에서 해부학과는 가장 엄격하기로 유명했다. 모든 의학 전공의 기초인지라, 해부학을 제대로 알아야 생리학을 하고, 병리학을 하고 다음 단계로 넘어갈 수 있었기 때문이다. 해부

학이 중요한 학문이라는 걸 인정하면서도, 시체를 만져야 하는 해부학 대신 소아과나 안과 등에 의대생들이 몰렸다. 어머니는 오히려 남이 안 하고, 싫어하는 것에 내가 먼저 나서보자고 생각했다. 또 다른 전공보다 학점 비중도 큰 중요한 학문을 지망하는 건 보람도 있고, 의미도 있다고 보았다.

그런데 어머니의 뒤를 이었지만 박경아 교수의 생각은 어머니와 좀 달랐다. 남들이 안 하는 길이기 때문에 선택한 게 아니라 누군가는 해야 할 일이기에 선택했다고 하는 편이 더 정확할 것이다. 현재까지 우리나라에서 뇌에 대한 연구가 거의 이뤄지지 않았지만 앞으로 가장 발전할 학문이라는 생각에 신경해부학을 전공으로 정했다. 누군가 꼭 해야 하는 일이라서 선택했다고는 해도 결국 그녀가 선택한 길은 어머니처럼 남들이 가지 않은 1%의 길이 되었다. 그리고 2013년 세계여의사회 회장에 선출되며 어머니가 걸어온 길을 더욱 넓히고 새롭게 개척해나가고 있다.

박경아 교수가 세계여의사회 회장에 오른 경위도 남다르다. 새 정위원으로 브라질에서 기금을 마련할 때였다. 남대문 시장에 간 그녀는 스카프, 브로치, 귀고리 등 값싸고 질 좋은 장신구를 한 보따리 사서 브라질로 날랐다. 그리고 브라질에서 바자회를 열자 액세서리를 좋아하는 브라질 사람들답게 물건은 순식간에 동이 났다. 필요한 기금을 아주 짧은 시간에 수완 좋게 마련한 것이다. 그 일을 계기로 세계여의사회 임원들은 그녀의 능력을 눈여겨보기 시작했다. 이후 박경아 교수는 여러 가지 활동을 통해 인정 받으며 다른 사람들의 추천으로 세계여의사회의 주요 인물이 되었다. 그리고 만장일치로 세계 여의사들의 수장이 되었다.

규칙은 규칙이다

'학생은 학교에 가야 하고, 학생의 본분은 공부를 하는 것이다'라는 것이 어머니의 자녀교육 원칙이었다. 그런 어머니 밑에서 박경아 교수는 최고의 성적뿐 아니라 학창시절 내내 결석 한 번 없이 개근했다. 그녀는 의과대학을 수석으로 졸업했고, 대학원 성적도 굉장히 좋았다. 또 어머니가 가르치는 전공 과목뿐 아니라 다른 과목에서도 줄곧 A를 놓치지 않았다.

교수였던 어머니의 별명은 '면도칼'이었다. 당시 학점이 가장 큰 해부학에서 학생이 시험을 못 보면 학생이 어떤 상황이든지 간에 어머니는 가차 없이 낙제 점수를 주었다. 규칙 하나가 깨지면 자신이 흔들리고, 사람들의 사정을 일일이 봐주다보면 규칙이 무너져 엉망이 된다는 소신이 있었다.

> "규칙은 규칙대로 지켜야지 내가 흔들리면 어떻게 되겠어요. 일일이 형편을 봐주면 엉망이 되고 교수의 권위가 없어지니까 구분을 하고 살았죠. 이것은 하면 안 된다고 원칙을 세우고 내 자신부터 엄격하게 적용했어요."
>
> — 어머니 나복영

딸이라고 예외일 수는 없었다. 아니 오히려 어머니는 딸이라서 더 엄하게 대했다. 어머니의 마음과 교수의 역할을 구분한 것이다. 박경아 교수는 시험 전날이면 서울에서 김포로, 버스를 타고 한 시간 남짓 걸려 현미경이 있는 친구 집에서 공부하고는 했다. 어머

니는 어둑해지는 시간에 나가 밤늦도록 집에 오지 않는 딸이 걱정스러웠지만 딸에게 그런 내색을 한 번도 하지 않았다. 딸을 위해 해부학 공부에 필요한 현미경이나 실험기구를 살 수도 있었지만 그게 특혜처럼 비춰질까봐 집에 현미경이나 실험기구, 자료 등을 일절 두지 않았다. '엄마가 교수니까 딸 성적이 좋은 것'이라는 식의 오해를 살 수 있는 일은 철저히 배제했다. 박경아 교수도 어머니의 생각과 원칙을 당연하게 받아들였다. 친구들이 오히려 그런 박경아 교수를 '별종'이라고 부를 정도였다. 그러나 온전히 자신만의 실력으로 모든 과목에서 A를 받았기 때문에 더 떳떳할 수 있었다.

물론 어머니가 그런 엄격함을 자녀에게만 요구한 건 아니다. 어머니 스스로도 시간약속을 꼭 지켰고, 강의에 늦거나 결석하는 일이 한 번도 없었다. 지금도 어머니는 그때의 모범적인 삶이 다른 고민을 없애주고 교수로서 존경을 받고 살 수 있게 해준 원동력이 되었다고 생각한다.

요즘은 시대가 변해 아이들의 예술적 기질을 키우고 개성을 살리기 위해 자율성을 존중한다. 또 그렇게 키우는 것이 좋은 교육이라고 말한다. 박경아 교수 모녀 역시 그런 시대의 변화를 부인하지는 않는다. 그러나 돌아보면 어머니나 박경아 교수는 정도를 지키고 최선을 다해 사는 것이 당연한 시대를 살았다. 공부가 아니면 안 되었던 시대에 모녀는 정도를 지키며 최선을 다해서 자신의 길을 개척해왔던 것이다. 그때의 답을 지금 그대로 가져올 수는 없겠지만 두 사람이 지켜온 원칙과 소신은 두 모녀 삶의 근간이 되어주었다.

어머니에게 傳하다

 박경아 교수의 어머니는 경성여자의학전문학교에서 해부학을 전공하던 당시, 경성제국대학에서 병리학을 전공하고 교수로 온 아버지를 만나 결혼을 했다. 그러나 행복도 잠시, 한국 전쟁이 터졌고 아버지는 결혼 15개월 만에 태어난 딸도 보지 못한 채 납북이 되었다. 어머니는 그렇게 미망인이 되었다.

 부산으로 피난온 어머니는 의과대학 여섯 곳이 함께 만든 전시연합대학에서 교수의 본분을 버리지 않고 강의를 했다. 강의실이라고 해봐야 흙바닥에 나무로 어설프게 벽을 세워 받친 천막 안에, 그 흔한 나무 의자 하나 없이 가마니를 깔아놓고 병원 침대를 몇 개 붙인 게 전부였다. 젖먹이 딸을 들쳐 업고 각 대학에서 모인 1백 명이 넘는 학생들을 가르쳤다.

 그렇게 키운 딸이 이제 어머니 곁에서 같은 길을 걷고 있다. 원칙과 소신만으로 자신의 길을 걸어간다는 건 노력과 열정 없이는 불가능한 일이다. 어머니 나복영 명예교수의 삶은 그러했고 어머니는 딸에게 좋은 본보기가 되어주었다. 박경아 교수는 나이 들수록 그날그날의 일상을 어머니와 함께 나눌 수 있어서 행복하다고 말한다.

 "최고의 어머니죠. 내가 완벽하게 닮고 싶은 어머니예요. 평생을 함께 살아왔고 가는 길이 같았기 때문에 다르게 표현할 수가 없어요." - 박경아

맞춤형 자녀교육 포인트

아이가 크면 부모의 역할도 달라진다
: 아이의 성장 단계에 따른 부모 역할

아이가 성장하고 나면 갓난아기 때처럼 부모가 일일이 모든 것을 해결해 줄 수는 없다. 그래서 아이의 발달 단계에 따라 부모의 역할도 달라져야 한다. 아이의 성장 과정에 따라 부모의 역할은 어떻게 바뀌어야 할까?

아이 연령에 따른 엄마 역할의 발달 단계
참고:〈EBS 다큐프라임 - 마더쇼크〉

Step 1 보호자(아이 나이 : 출생 ~ 만 1세)
아이가 위험한 상황에 놓이지 않도록 안전하게 보호해야 한다. 아이 혼자 몸을 가누지 못하고 스스로 할 수 있는 일이 없기 때문에 이 시기의 부모의 역할은 먹이고, 씻기고, 재우는 등의 물리적인 보살핌이 대부분이다.

Step 2 양육자(아이 나이 : 만 1~4세)
아이가 막 걸음마를 떼기 시작하는 때이다. 아이 스스로 할 수 있는 일이 조금씩 늘어나지만 아직도 많은 부분을 부모가 도와주어야 한다. 아이와 부모의 애착 관계가 형성되며 아이가 부모와 기본적인 신뢰를 쌓는 시기이기도 하다. 아이가 잘 한 일에 대해서는 칭찬을 해주고 아이의 신체적, 정신적 기능이 고루 발달할 수 있도록 적절한 자극을 주고 지도해야 한다.

Step 3 훈육자(아이 나이 : 만 4~7세)

태어나서 처음으로 아이가 또래 관계를 맺기 시작하면서 신체 능력과 사회성, 인지 능력 등이 형성되는 시기이다. 부모는 훈육자로서 꼭 지켜야 할 사회적 규범이나 규칙을 알려주고 옳고 그른 것, 해도 되는 일과 해서는 안 되는 일을 가르쳐주어야 한다.

Step 4 격려자(아이 나이 : 만 7~12세)

아이가 초등학교에 입학하며 본격적으로 사회생활을 시작하는 시기이다. 부모에게만 의존하던 아이는 이때부터 서서히 또래 문화를 경험하고 즐기게 된다. 따라서 부모도 무조건 가르쳐주기보다는 아이 혼자 힘으로 문제를 해결하고 자기 생각에 책임질 수 있도록 지지하는 격려자가 되어야 한다. 또 학교라는 낯선 환경에서 또래 관계나 교사와의 관계에 불안을 느낄 수 있으므로 아이가 소속감을 느끼고 자신 있게 생활할 수 있도록 아낌없이 칭찬하고 격려하는 것이 필요하다.

Step 5 상담자(아이 나이 : 만 12~20세)

아이가 사춘기를 겪으며 자아정체성을 찾아가는 시기이다. 부모보다 또래 관계를 더 중요하게 생각해 또래 집단에 거부당하지 않기 위해 일탈 행위를 하거나 부모의 간섭에 반항하며 부모와 갈등을 초래할 수도 있다. 그때 부모는 무조건 복종을 강요하기보다는 아이의 고민을 들어주고 공감하며 조언할 수 있는 멘토가 되어야 한다. 아이를 애정 어린 눈으로 지켜보되 아이가 꿈을 꾸고 자신의 목표를 향해 갈 수 있도록 지켜봐주고 응원해주는 것이 필요하다.

Step6 동반자(아이 나이 : 성인 이후)
이제는 더 이상 아이가 아니기 때문에 부모는 성인이 된 자녀의 독립성을 인정하고 존중해줘야 한다.

10

그 사람, 장진은…

영화감독이자 연극·방송 연출가, 방송 진행자, 극작가, 배우. 다양한 분야에서 종횡무진 활약하고 있지만 본인은 작가로 불리는 걸 가장 좋아한다. 대학 재학 시절 연극과 학생으로 최초로 교내 문학상을 받았고 졸업하자마자 조선일보 신춘문예 희곡 부문에 〈천호동 구사거리〉가 당선되어 문단에 등단했다. 1994년 SBS 〈좋은 친구들〉의 코미디 작가로 활동하다 만 스물일곱의 나이에 〈기막힌 사내들〉로 영화감독으로 데뷔했다. 풍부하고 기발한 상상력으로 장진 식 코미디를 구사하는 그는 〈킬러들의 수다〉〈아는 여자〉를 연출했고, 연극으로 만든 〈웰컴투 동막골〉, 〈박수칠 때 떠나라〉 등은 영화로도 제작돼 크게 성공했다.

이야기꾼 영화감독
장진의

책과 사람

그리고 어머니 김금례

장진 감독을 키운 어머니의 교육 철학

- 하지 마라? 할 거면 해봐라
- 책과 사람 속에는 이야기가 있다

하고 싶은 것은 많고, 꿈도 많고

장진 감독은 어릴 적부터 꿈도 많고 하고 싶은 것도 많았다. 앙드레 김과 같은 패션 디자이너가 되겠다고 어느 날은 가위로 오린 형겊에 조그마한 손으로 바늘을 들고 삐뚤빼뚤 수를 놓기도 했다. 그러다가 또 며칠이 지나면 직접 이야기를 만들고 배우가 되기도 했다. 혼자서 이불을 뒤집어쓰고 표독한 목소리의 계모가 되었다가 이어서 울먹이는 여자아이가 되어보는 식으로 1인 2역 연기를 하곤 했다.

고교 시절은 장진의 연극 인생의 출발점이었다. 대학 입시가 한 달도 남지 않은 어느 날, 그는 부모님에게도 알리지 않고 청소년 연극제에 참여한다. 공부 좀 하는 축에 들어 학교나 부모님은 경영학과에 가겠다던 장진에게 거는 기대가 은근히 큰 때였다. 연극제 마지막 날, 어머니는 선생님에게 연락을 받고서 아들의 연극제 참가 사실을 알게 됐다. 어머니는 부리나케 아들이 연극을 하는 곳을 찾았다. 집에는 알리지도 않고 몰래 나간 아들이 괘씸하기만 한 터였다. 하지만 마치 신들린 듯 연기하는 아들을 보고는 괘씸했던 마음이 점차 녹았다. 게다가 처음 참여한 연극제였는데도 아들은 우수 연기상을 수상했다.

연극제가 끝나고 돌아온 장진은 경영학이 아닌 연극을 공부하고 싶다고 했다. 나름 공부도 잘 하는 편이었으니 안정적으로 살 수도 있을 텐데 부모 입장에서는 경영학을 버리고 연극을 한다는 것은 누가 봐도 고생문이 훤히 열린 길이었다. 그럼에도 아들의 결심은 확고했고 부모는 그 결정을 믿어주기로 했다.

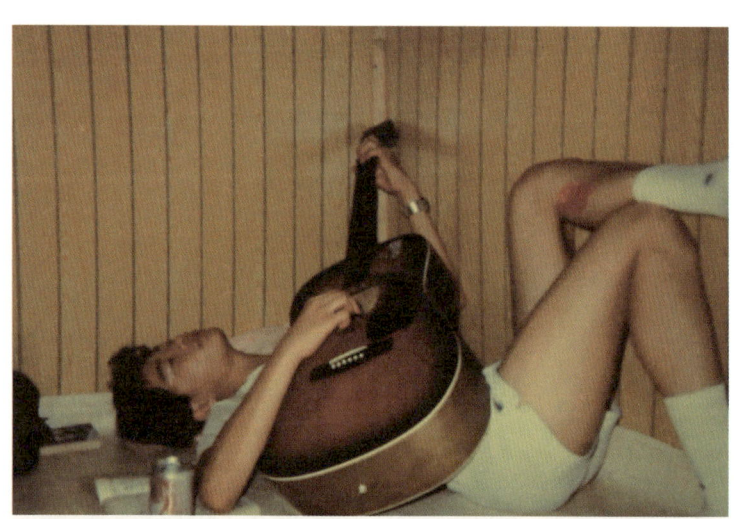

장진은 대학에 들어가면서 일찌감치 재능을 발휘하기 시작했다. 〈허탕〉이라는 희곡으로 교내 문학상을 수상했다. 문예창작과나 극작과가 아닌 타과 학생으로서는 처음 있는 일이었다. 이듬해에는 조선일보에서 주최한 신춘문예에 당선되어 등단을 했고 방송작가를 거쳐 〈기막힌 사내들〉로 영화감독 데뷔를 하기에 이르렀다. 그의 영화나 연극은 기존의 형식을 벗어난 색다른 구성으로 '장진 식'이라는 수식어를 달고 다닌다. 그의 이야기는 거창한 것이 아니라 평범하고 사소한 것으로부터 시작되고, 거기에는 감독 자신과 주변의 이야기가 담겨 있다.

하지 마라? 할 거면 해봐라

경영학과를 목표로 공부하던 장진이 갑자기 진로를 바꾸어 연극영화과에 간다고 했을 때였다. 여름부터 몰래 연극 연습을 하면서 계속 부모님께 숨기고 있다가 입시를 앞두고 자신의 결심을 털어놓았다. 어머니는 "너에게 굉장히 중요한 일이니까 다시 한 번 생각해볼 수 있지 않을까?"라며 아들을 설득하려고 했다. 그러나 장진은 주저하지 않고 대답했다. "저 많이 생각했어요. 그냥 원하는 대로 연극영화과에 갈래요." 이미 연극제 무대 위에서 날듯이 공연하는 아들을 보고 돌아온 어머니였다. 아들의 확고한 말에는 나름대로 깊이 고민한 흔적이 보였다. 어머니는 결국 "네가 정말로 하고 싶다면 너 하고 싶은 대로 해"라며 허락해주었다.

어린 시절에도 장진의 어머니는 아들에게 하지 말라고 하는 법이 없었다. 엄한 아버지 밑에서 자라는 아이들에게 어머니마저 엄하면 안 될 것 같다는 생각이었다. 자신은 아이들에게 설 자리를 마련해주고, 혼이 나면 안겨서 울 수 있는 너른 품이 되어야 한다고 생각했다. 또 공부든 무엇이든 스스로 알아서 하는 것이라고 생각했다. 그래서 아이들에게 꼭 뭘 해야 한다거나, 하지 말라고 강요하지 않았다.

"하지 말라고 했던 게 별로 없었어요. 하다못해 학교 갔다 와서 숙제 안 하고 놀러 나가도 '놀지 마!' 그러지 않았어요. 우리 큰며느리가 아이가 만화책을 너무 본다고 속상해 할 때도 그랬지요. '만화책 읽지 마'라고 말하기 전에 네가 먼저 책을 보라고. 저는 아이가 하고 싶은 게 있다면 꾸준히 못 하더라도 한 번쯤은 해보게 했어요. 그건 연극할 때도 마찬가지였지요."

― 어머니 김금례

물론 하지 말라는 말이 무조건 나쁘고, 해보라는 말이 다 좋다는 것은 아니다. 아이들의 성격에 따라 다르게 적용해야 하고, 어떤 때는 하지 말라고 엄격하게 제어해야 하는 상황도 있다. 하지만 아이에게 어떤 소질이 있고, 아이가 정말 그 일을 잘 할 것 같다면 부모가 보기에 탐탁지 않아도 아이들에게 해보라고 말해주는 게 낫다. 옳고 그름을 판단하기 이전에 아이는 부모의 소유물이 아니라 하나의 인격체라고 생각하면 가능한 일이다. 아이 스스로 판단하고 결정할 수 있는 주체라고 생각하면 아이가 하고 싶거나 잘 하는 것을 반대할 이유가 없다. 대신 나쁜 버릇이나 남에게 피해를 주거나 친구 관계를 해치는 등 절대 해서는 안 될 행동에 대해서는 하면 안 된다는 것을 분명히 하고 그 이유를 설명해주면 된다.

장진 감독의 어머니는 만약 아이가 정말 잘못을 했다면 아이에게 왜 그랬는지를 물어보고 아이 스스로 설명할 수 있는 기회를 주는 것이 먼저라고 말한다. 야단치는 건 그다음에 해도 늦지 않다. 아이가 그렇게 하지 않으면 안 될 상황이었는데 부모가 무조건 나무라면 아이는 부모에 대한 신뢰나 기대를 잃는다. 그렇기 때문에 아이가 잘못을 저질렀더라도 우선 화를 가라앉히고 먼저 아이의 설명을 들어보려는 노력이 필요하다는 것이다.

그래서 어머니는 아이에게 무조건 금지하기보다 "엄마는 이런 이유로 네가 하지 않았으면 좋겠다. 그래도 꼭 하겠다면 이런 결과가 올 수도 있어. 그럴 때는 어떻게 할래?"라고 아이들을 이해시키고 한 번쯤 생각해볼 수 있는 기회를 주었다. 이렇게 아이에게 해서는 안 될 일을 했을 때 닥칠 결과를 미리 이야기해주면 그 결과에 대처할 수 있는 능력이 생긴다.

그런 어머니가 있었기에 장진 감독 역시 후배나 함께 일하는 사람들을 대할 때 하지 말라는 말은 잘 하지 않는다. 이제 그런 말을 할 수 있는 위치라고 그에게 말하는 이들도 있지만 그는 누구나 스스로 해보고 깨달으면서 성장한다고 믿는다. 세상의 모든 훌륭한 것들은 불안 속에서 나오는데 그 불안을 스스로 깨지 못하면 좋은 결과도 나올 수 없다는 것을 자신의 경험으로 잘 알고 있기 때문이다.

"나도 저질러보고 깨달았어요. 세상의 모든 훌륭한 것들은

'이게 될까?'라는 불안함 속에서 시작되는 거예요. 가보지 않으면 나올 수 없죠. 생각해보면 어머니 입장에서도 제가 얼마나 불안했겠어요. 그런데도 믿고 기다려주셨던 거죠. 그 경험이 내 삶에 고스란히 남아서 그걸 닮아가는 것 같아요." - 장진

책과 사람 속에는 이야기가 있다

장진 감독의 영화는 대부분 세상과 사람에 대한 따뜻한 관심을 가진 사람들의 이야기에서 출발한다. 사실 그가 부모님에게서 보고 듣고 자란 것이 모두 그런 이웃들의 이야기였다. 재개발이 들어간 아파트 앞에서 쓰레기를 치우고 상자를 챙기는 아저씨들을 만나 어머니는 물 끓인 큰 주전자와 찻잔을 쟁반에 담아서 차를 대접하곤 했다. 신문 값을 수금하러 오는 청년을 집안으로 들여 달걀프라이를 만들어주고, 어린 장진이 지저분한 옷차림의 친구를 데려오면 친구를 씻겨주었다. 어머니는 타인에 대한 관심과 나눔, 배려가 자연스럽게 배어 있는 분이었다. 노력해서가 아니라 마치 DNA에 새겨진 것처럼.

"나는 사람이 좋아요. 사람을 만나면 행복해요. 모르는 사람과 만나서도 짧은 시간 안에 마음이 오가고 대화가 오갈 수 있다는 것은 사람들 마음속에 따뜻한 정이 있기 때문이라고 생각해요. 그런데 요즘은 세상이 너무 메말라 있어요. 점점 사람 만나기가 두려워지는 세상이 되는 것 같아서 그게 참 안

타까워요." - 어머니 김금례

어머니는 사람을 좋아하고 좋은 사람들과 함께 이야기하고 마음을 나누는 것이 행복하다고 한다. 또 타인의 이야기가 삶을 풍요롭게 만든다고 믿는다. 다른 이의 이야기에서 삶의 지혜를 얻는 것이다.

어머니는 젊을 적엔 나긋나긋한 말씨에 인물 좋은 멋쟁이었다. 5남매 중 맏이로 태어난 어머니는 책과 영화를 좋아했던 친정아버지의 사랑을 듬뿍 받고 자랐다. 친정아버지는 유난히도 영화를 좋아해서 영화관에 자주 가 영화를 즐겨 보았고 어머니는 커서는 그런 아버지와 같이 영화를 보곤 했다. 영화를 사랑하고 예술적 감성이 풍부했던 친정아버지의 감성은 어머니에게 이어졌고, 그것을 장진 감독이 고스란히 물려받았다.

책을 읽는 것도 마찬가지였다. 어머니는 초등학교를 졸업하고 아버지가 권해주었던 이광수 전집이 계기가 되어 책을 읽기 시작했다고 한다. 책을 통해 다른 사람들의 이야기를 들었고, 작가가 가지고 있는 생각과 사고를 엿볼 수 있었다. 책을 읽으면서 책 속의 주인공에 감정 이입이 되어 울기도 많이 울었다고 한다. 그렇게 만난 수많은 이야기들과 삶의 면면들은 다시 주변 사람들에 대한 관심과 애정으로 이어졌다. 사람을 좋아하고 애정으로 대하는 것은 어머니의 천성이기도 하겠지만 책으로 쌓인 삶에 대한 통찰과 사람에 대한 이해가 있었기 때문은 아니었을까.

장진 감독이 책을 읽고 글을 쓰기 시작한 것도 어머니의 영향이 컸다. 바쁜 생활 속에서도 손에서 책을 놓지 않았던 어머니 덕분에

아이도 장난감이나 TV보다 책이랑 더 가까울 수밖에 없었다. 장진 감독 역시 어머니처럼 많은 책을 읽으며 세상과 사람들의 다양한 이야기를 접할 수 있었다. 책 읽기는 장진에게 인간과 세상에 대한 이해의 폭을 넓혀주는 바탕이 되었다.

그는 책으로 세상을 바꿀 수는 없겠지만, 책을 읽는 사람들이 세상을 바꾼다고 생각한다. 책을 읽는다는 것은 나와 다른 타인의 생각을 수용하는 것이다. 그는 소설이나 시는 어떤 논리를 좇는 것이 아니라 누군가의 마음과 머릿속을 공유하고 이해하면서 내가 안아주겠다는 행위라고 본다. 그래서 책을 읽는 사람은 결국 이 사회의 모든 불편한 구석구석까지 이해하고 안아줄 수 있는 사람이고, 그들이 세상을 변화시킬 수 있다고 믿는다.

장진 감독의 작품 속에서 사람들이 '일상'을 보고 '사람'을 가장 크게 느끼게 되는 것은 어쩌면 그가 그런 사람이기 때문이 아닐까. 책과 자신의 실제 경험을 통해서 만난 세상과 사람들의 모습과 현실을 놓치기 않기 때문일 것이나. 작업할 때 가장 중요한 것은 사람에게서 나온다는 장진 감독의 말 역시 그와 같은 의미일 것이다.

"모든 작품은 내가 보고 느꼈던 어떤 사람들의 모습에서 시작된 거죠. 어떤 영화나 사건이 아니라 그냥 어떤 사람의 모습에서 시작이 됐다고 생각해요. 내 작품은 다 그런 것 같아요." - 장진

어머니에게 傳하다

성당의 노인대학 학장인 어머니는 혼자 오는 어르신들을 만나면 습관처럼 안아드리고 손을 잡는다. 그분들이 말벗을 바라고 정을 느끼고 싶어 오는 분들이라는 걸 잘 알고 있기 때문이다.

어머니는 칠십이 가까워오지만 지금도 책을 읽고 소설 속 사랑 이야기에 가슴 찡했다는 이야기를 신나게 한다. 본인은 여전히 철이 없다 하지만 아들은 그것이 오히려 반갑다. 돌아보면 어머니는 행복에 어떤 조건을 다는 분이 아니었다. 얼마만큼을 이루어야, 얼마만큼을 가져야 행복할 수 있다고 이야기하지 않았다. 해서는 안 되는 것들보다 하라고 이야기했던 것들이 더 많았고 사람들을 만나 함께하는 것에 기쁨을 느끼는 분이었다.

"어머니가 저에게 물려준 가장 훌륭한 유산은 돈 없이도 행복하게 사는 방법이에요. 돌아보면 우리 어머니는 돈이 없어도 늘 행복한 모습이셨어요. 그것은 자식인 제가 봐 온 것이고 내 자식에게도 얘기해 줄 수 있거든요. 그걸 보여주신 게 가장 기억에 남아요. 아마 그 모습이 내 삶에서도 오래 갈 거예요." - 장진

맞춤형 자녀교육 포인트

대충 읽고, 만화책만 읽고…
우리 아이 독서 지도 어떻게 하면 좋을까?

독서는 아이의 자기주도 습관이 기본이 되어야 한다. 부모의 강요가 통하지 않을뿐더러 만약 통한다 해도 독서의 효과가 잘 나타나지 않기 때문이다. 제대로 된 책 읽기를 위해 부모가 알아야 할 독서 방법은 무엇이며, 책을 편식하거나 싫어하는 아이에게 효과적인 독서 해법은 무엇일까?

1. 많이 읽을까, 꼼꼼히 읽을까?

책을 많이 읽으면 좋겠지만 자칫 다독에 치우치다보면 읽은 책은 많아도 주인공의 이름조차 기억하지 못하는 사태가 생긴다. 그러므로 많이 읽고 빨리 읽기보다는 정확히 읽는 게 낫다. 더군다나 초등학교 고학년 이후부터는 작가의 의도나 핵심 내용을 파악하는 수준 높은 책 읽기를 요구하고, 교과에 대한 배경지식을 쌓아 학습에 직접적인 도움을 받기 때문에 정독이 필수이다.

2. 추천 도서를 읽을까, 흥미 있는 도서를 읽을까?

전문기관이나 전문가들이 추천하는 도서는 가이드라인일 뿐 절대적인 기준이 아니다. 우리 아이의 수준과 연령을 고려해 적합한 책을 찾는 편이 더 좋다. 도통 무슨 말인지 모르는 내용이나 아이 수준보다 어려운 어휘가 많은 책을 고르면 책 한 장을 넘기기가 힘들어 독서에 대한 흥미를 떨어뜨린다.

+ 내 아이 연령에 맞는 책 읽기

초등 1~2학년 : 학교생활을 하며 본격적으로 사회생활을 하는 시기다. 학교에서 따라야 할 규칙 등을 배우고 집단에 소속감을 느끼는 때이니만큼, 권선징악이 뚜렷한 전래동화나 아이가 경험하는 학교생활과 관련된 이야기들이 담긴 책이 좋다.

초등 3~4학년 : 역사책, 위인전, 신화, 전설 등 실제 있었던 사건이나 환상과 현실이 결합된 이야기를 읽는다. 위인전을 통해 자신의 꿈을 키울 수도 있고, 신화나 전설을 통해 상상력을 키울 수 있다.

초등 5~6학년 : 사회문제에 관심이 많아지는 등 관심 분야가 다양해지고 폭넓어지는 시기이다. 그러므로 시, 소설 등의 문학 작품이나 과학, 탐정 소설 등 자신의 관심사에 맞는 책을 스스로 찾아 읽도록 부모가 이끌어주는 것이 좋다.

중학생 : 신체적, 정신적으로 불안한 사춘기의 심리를 잘 묘사한 성장소설이나 고전 읽기 등이 좋다.

+ 장르별 책 읽기

창작동화 : 동화 속 주인공을 통해 아이는 자기 자신과 비슷한 주인공에 공감하고, 엄마는 내가 알지 못했던 아이의 마음을 이해할 수 있는 기회가 되기도 한다.

판타지 : 아이들은 현실 속에서 이룰 수 없었던 것들을 판타지의 시공간 속에서 해소할 수 있다. 초등학교 고학년 아이들에게는 『해리포터』 시리즈를 추천할 만하다. 미스터리와 스릴, 공포, 우정과 사랑 그리고 작가의 상상력이 돋보이는 다양한 마법아이템이 아이들의 상상력과 감성을 키워줄 수 있다.

전래동화 : 짧고 간단하면서도 재미가 있다. 책을 잘 읽지 않는 아이들을 위해서 추천할 만하다. 전래동화는 반복적인 내용이 많아 아이들이 몰입하기가 좋고, 권선징악을 주제로 한 이야기어서 교육효과도 있다. 아이들은 악한 대상을 처벌하고 복을 받는 주인공과 자신을 동일시하여 스트레스를 해소하기도 한다.

(자료출처 : EBS 〈60분 부모〉)

3. 다양한 독후 활동으로 상상의 날개 달기

독후 활동은 학습이 아니다. 독서의 즐거움을 연장시키는 활동이다. 그러므로 아이에게 독후감을 꼭 써야 한다고 강요거나 시험을 치듯이 책 내용을 확인하는 식의 질문은 책 읽기를 부담스럽게 만든다. 책 내용을 아이의 경험과 연결시키거나 단답식이 아닌 해석적 질문으로 상상력을 키우는 편이 좋다. 꼭 기록으로 남기기보다는 부모와 아이가 책을 보고 난 뒤의 느낌을 부담 없이 이야기하면서 생각의 폭을 넓히는 게 독서에 대한 흥미를 유지시키는 효과가 있다.

4. 아이가 책을 멀리 할 때에는 이렇게 해보자

A. 책을 읽기 싫어해요

아이가 책 읽기를 싫어하는 이유 중 하나는 책의 수준이 높기 때문인 경우다. 아이의 책 읽는 속도와 태도를 면밀히 관찰하면서 아이의 독서 수준을 파악해봐야 한다. 전혀 책을 읽지 않으려고 하면 두께가 얇은 책이나 창작동화로 시작해 학습만화, 위인전 순으로 독서 수준을 조금씩 높여주는 게 좋다.

독서환경도 점검해보자. 컴퓨터나 텔레비전이 가까이 있으면 그 화려한 이미지에 시선을 빼앗겨 책을 가까이 할 시간이 없게 된다. 그럴 때에는 집안의 환경을 바꾸는 게 좋다. 컴퓨터와 텔레비전 위치를 바꾸고 책장과 책상을 눈에 띄는 자리에 배치한다. 책은 책장에 넣어두지 말고 아이 손이 닿는 거실 탁자나 소파, 화장실, 식탁 등 잘 보이는 곳에 놓아두어 언제든 책을 펼칠 수 있도록 하는 것도 좋다. 아이와 함께 서점이나 도서관에 가서 아이가 흥미를 느끼고 관심 있어 하는 책을 고르도록 하는 것도 좋다.

드물기는 하지만 아이가 글을 읽거나 쓰는 데 어려움이 있는 난독증일 가능성도 있다. 그냥 놔두면 읽기 능력이 떨어져 학습 부진으로 이어질 수도 있으므로 바로 대응해야 한다. 난독증은 대개 언어를 처리하는 좌뇌의 신경학적 기능 이상으로 생기는 장애이므로 전문가와의 상담 치료가 필요하다.

B. 책을 대충 읽어요

책을 대충 읽는 아이들의 특징은 책 읽는 속도는 빠르지만 책의 줄거리나 내용을 기억하지 못하고 감상이 없다는 점이다. 그럴 때는 책을 읽기 전에 아이에게 책 내용을 상상하게 하거나 책의 일부 내용을 소개하고 다음 부분은 아이가 직접 찾아 읽도록 하자. '네가 주인공이라면 이럴 때 어떻게 할래?'라든가 '가장 재미있었던 장면은 뭐였어?' 등 간단하게라도 대화를 통해 읽은 책을 감상하는 시간을 갖는 것도 한 방법이다.

C. 만화책만 읽어요

만화책이 무조건 나쁜 건 아니다. 만화책을 잘 이용하면 책에 대한 흥미를 불러일으키고 책에 대한 거부감을 없앨 수 있다. 요즘 나오는 학습만화는 어려운 교과서를 시각적인 그림으로 쉽게 풀어내어 학습에 도움이 되기도 한다. 문제는 만화책에 중독되면 다른 책은 보지 않으려 한다는 점이다. 그림에 치우쳐 문장 자체가 짧다보니 어휘력을 기르는 데 도움이 되지 않고 아이의 상상력을 방해가 된다는 점도 지적된다. 만화책만 읽는 아이는 만화책과 일반책을 섞어 읽게 하면서 만화책의 비중을 서서히 줄여보도록 한다.

11

그 사람, 샘 킴은…

MBC 드라마 〈파스타〉 속 셰프 이선균의 실제 모델로 이름을 알린 스타 셰프로 한국 이름은 '김희태'이다. 고등학교를 졸업하고 미국 유학을 떠났다가 요리사의 길에 들어섰다. 미국의 유명 호텔과 이탈리안 레스토랑에서 10여 년간 밑바닥부터 차근차근 다양한 경력을 쌓은 뒤, 미국 3대 요리학교인 '키친 아카데미'를 수석으로 졸업했다. 그 후 한국으로 돌아와 정통 이탈리안 레스토랑 보나세라의 총괄 셰프로 일하고 있다. 올리브 TV 〈올리브 쿠킹타임〉 〈샘 앤 레이먼의 쿠킹타임 듀엣〉, MBC 라디오 〈정엽의 푸른 밤〉 등 각종 매체에 출연해 진심 어린 요리 이야기와 털털한 입담으로 두터운 팬 층을 확보하고 있다.

스타 셰프
샘 킴의

셰프 샘 킴을 키운 어머니의 교육 철학

· 일단 현장에서 몸으로 부딪쳐봐라
· 최고의 셰프는 '진심'이라는 재료로 만들어진다

어머니 일을 돕던 듬직한 장남,
주위의 기대에 어긋난 진로를 꿈꾸다

샘 킴이 대학교에 복학할 무렵 IMF가 터졌다. 아버지 사업이 부도가 났고 집안의 물건들은 압류되어 집안 곳곳에 빨간 딱지가 흉하게 붙었다. 순식간에 가세가 기울고 먹고살 길이 막막해졌다. 그런데 하필 이런 때에 온순하고 듬직하기만 했던 맏아들 샘 킴이 회계사가 되겠다며 미국 유학을 가겠다고 고집을 피웠다. 공부하겠다는 자식을 반대할 수는 없었던 어머니는 어렵게 대출을 받아 아들의 유학 자금을 마련해주었다.

그러나 유학 생활은 그리 녹록하지 않았다. 미국에 도착해 고시원 같은 방 하나를 얻고 첫 학기 등록금을 내고 나니 수중에 남은 돈이 없었다. 샘 킴은 일을 해야만 했다. 요리에 관심이 많던 그는 떡집, 일식집 아르바이트를 시작했다. 그리고 잠시 회계 일을 해보기도 했다. 그런데 막상 회계 일을 해보니 꼼꼼하게 숫자를 확인하고 서류를 대조하는 등의 업무가 그의 적성에 맞지 않았다. 대신 그는 요리를 만드는 일에 더 매력을 느꼈다. 아르바이트 삼아 일했던 일식집에서 손님이 자신이 만든 요리를 먹고 맛있다고 말해주었을 때의 보람과 기쁨은 그 무엇보다도 컸다. 그는 과감하게 방향을 바꿔 요리사가 되기로 결심했다. 물론 어머니의 반대가 컸다. 그가 미국에서 요리사로 일을 하는 동안 어머니는 아들이 미국에서 무슨 일을 하는지 주위 사람들에게 말하지 않았다.

그렇게 2, 3년이 지나자 샘 킴은 일식이 아닌 다른 쪽으로 흥미가 동하기 시작했다. 정적인 일본 요리 대신 서양 요리를 배워보고 싶었다. 특히 이탈리안 요리가 밝고 경쾌한 생명력이 느껴졌다. 일식 요리사로 일하면서 이탈리안 요리를 따로 공부했고, 일본 요리에 서양 요리를 접목한 퓨전 요리를 선보이기도 했다. 결국 그는 이탈리안 요리를 자신의 전공 분야로 삼기로 했다.

하지만 파스타를 만드는 동양인에 대한 이탈리안 요리사들의 텃세는 만만치 않았다. 동양인이 파스타의 제맛을 낼 수 있겠냐는 반응이었다. 그렇지만 샘 킴은 자신이 정말 좋아하고 하고 싶은 일이었기에 참고 버텼고, 차근차근 밑바닥부터 경력을 쌓아 7년만에 셰프의 자리에 올랐다. 한 번도 요리를 체계적으로 배워본 적이 없었던 그였다. 그렇게 현장을 독하게 경험하고 나서야 요리학교의 문을 두드렸고 학교를 수석으로 졸업했다.

한국으로 돌아온 샘 킴은 현재 서울의 정통 이탈리안 레스토랑에서 열다섯 명의 요리사들과 하루 평균 4백 접시의 음식을 지휘하는 총괄 셰프로 일하고 있다. 미국 스타 셰프 협회에서 선정한 아시아 스타 셰프로 뽑히기도 했다. 그는 15년 가까이 요리를 해왔지만 아직까지 한 번도 슬럼프가 없었다고 한다. 지금은 셰프의 꿈을 꾸고 있는 청소년들에게 도움을 주고자 새로운 길을 모색하고 있다.

일단 현장에서 몸으로 부딪쳐봐라

샘 킴이 초등학생이었던 무렵 어머니는 대학교 근처에서 하숙집을 시작했다. 그런데 음식이 문제였다. 어머니는 6남매 중 막내로 자란 까닭에 음식은 나이 터울이 많이 지는 언니들의 몫이었고, 제

대로 요리라는 걸 해본 적이 없었던 것이다. 그랬던 어머니가 계란 말이부터 꼬막무침, 갖가지 마른 반찬까지 10여 명의 하숙생들이 질리지 않도록 매일 메뉴를 바꿔 요리를 해야만 했다. 어머니는 어깨너머로 본 게 있으니 어떻게든 해보면 되지 라고 쉽게 생각했지만 말처럼 쉽게 되는 일이 아니었다. 김밥을 싸면 옆구리가 터지기 일쑤고 카스텔라는 만들면 떡이 되기가 다반사.

그러나 사람이 닥치면 어떻게든 한다는 말처럼, 어머니는 포기하지 않았다. 주위 사람들에게 조언을 구하고, 알려주는 것에 나름의 방법을 더해 자신이 기억하는 맛과 가깝게 만들었다. 하다보니 요령도 생기고 어떤 재료가 좋은 재료인지 알아볼 수 있게 됐다. 요리의 '요'도 모르던 어머니가 하숙집 주방에서, 시장에서 직접 부딪쳐 노력하면서 '하숙집 주방장'이 된 것이다.

"요리 잘 하는 사람들에게 물어봤어요. 넣으라는 걸 넣어 보고, 또 내가 생각한 것과 다르면 나름대로 맞춰보고. 해보고 나니 내가 몰라서 그랬구나, 아무것도 아닌데 내가 안 해봐서 어렵다고만 생각했구나 싶더라고요." – 어머니 김영애

샘 킴 역시 그런 어머니를 그대로 빼닮았다. 가만히 기다리거나 안 되는 일에 속을 끓이기보다 후회하더라도 부딪쳐서 풀어나가는 스타일이다. 미국의 이탈리안 레스토랑에서 일할 때, 그는 동양인이 이탈리안 요리 하는 것을 쉽게 인정하려 들지 않는 동료들 때문에 마음 고생을 했었다. 그러던 어느 날, 주문이 밀려들어와 파스타를 만들 사람이 더 필요했고, 샘 킴은 기회를 놓치지 않았다. 누

가 시키지 않았지만 그 자리에 서서 파스타를 만들어냈다. 동료들은 그제야 그를 인정하기 시작했다. 그 후로 샘 킴은 그들과 같은 라인에 서서 파스타를 직접 요리하게 됐다.

"저는 일단 부딪치고 보는 스타일이에요. 더 빨리 적극적으로 달려들었더라면 좀 더 일찍 프라이팬을 잡을 수 있었을 것 같아요. 그때라도 그렇게 하지 않았다면 미국이라는 무대에서 살아남지 못했을 거예요. 그 일로 깨달은 건 내가 적극적으로 나서야 좀 더 많은 기회를 가질 수 있다는 거였어요. 스스로 적극적이지 않으면 나는 항상 그 자리에 있다는 것을, 멀리 가려면 더 적극적으로 움직여야 한다는 것을 배운 거죠." – 샘 킴

돌아보면 셰프 샘 킴의 현장은 이미 오래전부터 시작되었다. 어머니가 하숙집을 운영하던 시절에 샘 킴이 어머니의 보조 요리사 역할을 했었기 때문이었다. 그는 어머니를 도와 요리를 하고 완성된 음식을 먹는 하숙생들을 보며 재미를 느꼈다. 어머니가 시장에 갈 때면 샘 킴은 어머니 옆에 붙어서 어떤 채소와 해산물이 나는지, 어떤 식재료들이 좋은지를 어깨 너머로 배웠다. 어머니가 꼼꼼한 손길로 식재료를 고르면 그걸 장바구니에 넣고 옆에서 들어주는 것도 그의 몫이었다.

그렇게 10년 가까이 어머니의 장보기를 돕고 음식 만드는 일을 도왔던 아들이 이제 진짜 요리사가 되었다. 그 시절부터 요리사를 꿈꾸었던 것은 아니었지만 그 시절에 어머니 곁에서 보고 배웠던 것들이 자양분이 되었다고 생각한다.

최고의 셰프는
'진심'이라는 재료로 만들어진다

어머니는 하숙집에서 요리를 할 때 남이 아니라 우리 식구를 먹이는 것으로 여겼다. 재료비를 아끼거나 재료의 값을 따지지 않았다. 늘 하숙생들을 위해 무언가를 끊임없이 만들면서도 아이 앞에서 "이렇게 해서는 돈이 하나도 안 남는다. 식비 좀 줄여야겠다"는 식의 말은 하지 않았고, 하숙생들이 친구들을 데려와 밥을 먹어도 아까워하지 않았다. 그저 자기 자식이 먹는 것과 같이 생각했다. 음식을 만드는 어머니의 최고의 재료는 진심이었다. 요리할 때 제일 중요한 것은 돈이 아니라 만드는 사람의 정성과 진심이라는 것이 어머니의 요리 철학이었다. 그런 어머니의 모습은 샘 킴에게도 영향을 미쳤다.

"어떻게 보면 어머니는 그때 재료비는 거의 상관 안 하신 거죠. 단지 우리 식구가 잘 먹을 수 있도록, 좋은 음식을 먹을 수 있도록 하는 데에 중심을 두셨어요. 저 역시 어렸을 때부터 그런 모습을 봐왔기 때문에 그런 점을 닮는 것 같아요. 내가 조금 덜 먹더라도 모두 다 좋았으면 좋겠다는 생각을 해요."

– 샘 킴

최고의 셰프가 되고 싶었던 샘 킴은 최고의 셰프란 좋은 레스토랑, 좋은 레시피, 최고의 식재료가 있어야 가능하다고 생각했다. 그러나 봉사 활동을 하면서 늘 아낌없이 베풀던 어머니의 모습을 떠올린 순간 그의 생각은 완전히 바뀌었다. 어머니의 요리가 사람들에게 즐거움을 주었듯이 미국에서 집이 없는 사람들에게 요리 봉사를 하면서 세상을 바꿀 수 있는 요리의 힘을 발견하게 된 것이다.

어느 토요일 샘 킴은 유명한 셰프들이 모여 노숙자들이 있는 다운타운에서 봉사활동을 하는 것을 보게 됐다. 그들은 1달러도 안 되는 가격의 브리토와 타코를 직접 만들어 노숙자들에게 나눠주었다. 정부나 다른 단체를 끼지 않은, 순수하게 만든 셰프들의 모임이었다. 당시의 샘 킴에게 그것은 그의 밑바닥까지 흔들릴 정도로 신선한 충격이었다.

고급 레스토랑에서 최고 셰프의 요리를 맛볼 수 있는 사람은 결국 돈이 많은 몇 명에 불과할 것이다. 노숙자들처럼 돈이 없는 사람들은 그런 음식을 먹지 못할 가능성이 높다. TV에 나와 "이것은 천만 원짜리 송로버섯으로 만든 요리입니다." "이 코스 요리는 최고가의 음식 재료를 써서 일인당 2백만 원입니다."라고 하는 것이 아니라, 난순한 요리라도 의미가 있는 것에 가치를 부여하는 요리사가 더 멋있다는 생각을 했다. 자연스럽게 셰프로서의 가치관과 최종 목표가 바뀌어갔다.

"요리하면서 세상을 변화시킬 수 있는 에너지를 갖고 있다면, 저는 그게 진짜 요리사인 것 같아요. 꿈이라면 그 정도는 되어야 하지 않을까요? 단순히 내 이름을 내건 레스토랑을 여는 건 운 좋으면 10년 안에 할 수 있는 일이에요. 전 거기에 더해 레스토랑에서 발생하는 수익금으로 요리를 꿈꾸는 아이들에게 도움을 주고 싶어요. 요리를 하고 싶은데 사정이 어려워

하지 못하는 친구들이요. 그래서 일반 레스토랑이라기보다 하나의 사회적 기업을 꿈꾸고 있어요." - 샘 킴

　아들의 새로운 꿈을 어머니는 자랑스러워하면서 늘 당부한다. 최고의 셰프가 되는 것도 중요하지만 그것보다 먼저 사람이 되어야 한다고. 좋은 마음가짐을 가지고 남한테 베풀고 배려하고 어려운 이를 돕고 구제하라는 말이다. 샘 킴 역시 요리사로서 요리할 때 가장 중요한 것은 바로 요리하는 '사람'이라고 말한다. 아무리 비싸고 좋은 식재료에, 주방기구가 좋아도 요리하는 사람의 마음가짐이 잘못되어 있으면 맛있는 요리가 나올 수 없다는 게 그의 생각이다.
　흔히 요리를 만들 때 조리하는 30여 분만을 중요하게 생각하지만 실제로 식재료를 고르고 다듬는 과정부터 요리사의 음식 만들기는 시작된다. 그 긴 과정을 거쳐 손님에게 음식을 내올 때까지 모든 게 다 요리사의 손으로 이루어진다. 그래서 요리는 사람에게 감동을 주고 사람을 변화시키는 힘을 가지고 있다. 진심이 담긴 요리는 하나의 언어가 되기도 하고 치료약이 되기도 한다. 샘 킴은 그런 요리의 본질을 잊지 않는다. 요리에 진심을 담는 것. 어머니가 그러했듯, 그것이 샘 킴의 요리의 가장 중요한 근간이다.

어머니에게 傳하다

어머니는 살아온 삶의 모습으로 아들을 가르쳤다. 난관에 부딪치면 부정적인 생각 대신 해결할 방법을 찾고 긍정적으로 도전했다. 또 어머니는 함께 살아가는 사람들을 한 울타리 안의 가족으로 여기고 나눌 줄 아는 사람이었다. 곁에서 어머니의 그런 삶의 태도를 고스란히 보고 자랐기에 샘 킴은 지금의 자신이 있음을 안다. 그 역시 낯선 미국의 레스토랑을 찾아가 편견을 깨고 자신이 좋아하는 요리를 하기 위해 무모하다 싶은 도전을 해왔다. 그리고 이제는 어머니 곁으로 돌아와 어머니가 보여준대로 다른 사람과 함께 나누고 같이 성장할 수 있는 또 다른 꿈을 꾸고 있다.

"어머니는 어떤 상황에서도 두려움보다 해결해 나가려고 부딪히고 노력하는 분이었어요. 또 그게 좋은 결실을 맺었고요. 저한테는 그 가르침이 제일 컸어요. 먼저 생각해보고 부딪쳐보고, 안 되면 보완해서 만들어내는 거죠. 어머니가 몇 번의 실패 끝에 카스텔라를 결국은 만들어내셨던 것처럼요. 저는 그게 제일 멋진 모습이라고 생각해요. 그리고 늘 돈 생각 안 하시고 남의 자식 먹는 걸 내 자식 먹는 것처럼 여기며 나누는 걸 좋아하셨어요. 저는 그게 진짜 요리사의 모습이 아닐까 해요." - 샘 킴

맞춤형 자녀교육 포인트

우리 아이의 진로 교육, 어떻게 준비해야 할까?

진로적성검사

자녀를 키우면서 부모는 '우리 아이가 커서 뭐가 될까?' 하고 궁금해한다. 자녀의 적성을 알면 장래 목표를 세울 수 있기 때문에 진로 교육에도 많은 관심을 가진다. 이때 부모들이 가장 많이 이용하는 것이 진로적성검사이다. 진로 교육의 중요성에 공감하면서 다양한 진로적성검사가 쏟아져 나오고 있는데, 그중 알아두면 좋을 내용을 소개한다.

• **진로적성검사는 언제 하는 게 좋을까?**

진로적성검사는 빠르면 빠를수록 좋다고 말하는 사람들도 있지만, 전문가들에 의하면 대체로 초등학교 고학년 때부터가 적당하다고 한다. 이 시기는 자아 개념이 형성되는 시기로, 스스로를 알아가고 자신의 적성을 파악하는 과정에 있기 때문이다. 다만 아이의 적성은 한 번에 정해지는 게 아니라 성장하면서 여러 번 변화하고 달라진다. 아이가 자신의 진로를 스스로 계획하고 준비하도록 하기 위해 적성검사를 하는 것인 만큼 진로검사를 맹신해서는 안 된다.

• 진로적성검사의 종류 알아보기

대표적인 진로적성검사로는 MBTI 검사, 홀랜드 검사, 다중지능 검사가 있다.

　MBTI 검사는 성격유형검사로 내외향성, 감성·분석형 등 그 특성에 따라 사람을 16가지 유형으로 분류하는 방법이다. 자신의 성격을 이해하고 대인관계를 원활하게 맺고 효율적인 학습 계획을 세우는 데 도움이 된다. 예를 들어 발명가형은 창의력과 상상력이 풍부하고 다방면에 재능이 많아 새로운 일에 도전하기를 즐긴다. 대신 평범하고 규칙적인 일을 싫어하므로 공부를 할 때에도 정해진 틀보다는 자율적으로 학습하는 편이 더 효과적이다.

　홀랜드 검사는 진로탐색검사로 아이에게 어떤 직업이 어울리는지를 알려준다. 개인별 성격과 적성에 따라 예술형, 사회형, 관습형, 기업형, 탐구형, 실재형의 6가지 유형으로 분류한다. 검사 결과를 통해 자신의 장단점을 파악하고, 성격과 성향에 맞는 진로 방향을 제공한다.

　다중지능 검사는 아이의 강점 지능과 약점 지능을 탐색해 어떤 재능과 잠재력이 있는지를 알려주는 방법이다. 지능발달 특성에 따라 대인지능, 언어지능, 공간지능, 자연지능, 논리수학지능, 신체운동지능, 개인내지능, 음악지능 등 8개 지능으로 분류한다.

최근에는 중학교부터 진로진학 상담교사를 집중적으로 배치해 진로 교육을 강화하고 있으므로 교내 상담교사와 면담하는 것도 좋은 방법이다. 무엇보다 진로적성검사는 아이가 어떤 것을 좋아하고 관심을 가지는지(흥미), 아이가 어떤 것을 잘 해낼 수 있는지(적성), 아이의 성격이나 성향은 어떠한지(성격), 중요하게 생각하는 기준이나 생각은 무엇인지(가치관) 등을 알아볼 수 있으므로 진로 선택의 범위를 점차 좁혀나가는 데 도움이 될 것이다.

적성검사 온라인 무료 사이트

커리어넷(www.career.go.kr) – 한국직업능력개발원 진로정보센터에서 운영 / 직업적성, 직업가치관, 진로성숙도, 직업흥미 등을 검사 / 소요 시간 15~30분

워크넷(www.work.go.kr) – 고용노동부 한국고용정보원에서 운영 / 직업흥미, 직업가치관, 진로발달, 직업인성 등을 검사 / 초등학생, 중학생, 고교생, 성인 등 연령별 검사 / 소요 시간 20~70분

한국청소년상담복지개발(www.kyci.or.kr) – 다양한 심리검사(대인관계, 학업, 진로, 사회성 지수 등) / 무료 상담 가능

• 우리 아이의 단계별 진로 교육

초등학교와 중학교 시기는 아이의 적성을 파악하는 기간이라고 할 수 있다. 진로적성검사 외에도 다양한 체험 활동을 통해 아이가 자신의 적

성을 파악할 수 있는 다양한 기회를 제공하는 것이 좋다. 요즘에는 생소한 직업들이 빠르게 인기를 얻다가 사라지는 경우도 있으므로 다양한 직업군들의 흐름을 파악하고 관련 정보를 얻는 일도 중요하다. 시민단체와 학교가 협조해 지역 내 일터를 체험해볼 수 있는 직업 체험 시범학교를 실시하는 곳도 있으므로 중학생 이상부터는 이를 알아보는 것도 좋다. 고등학생이라면 구체적으로 진로를 설계하고 탐색해보는 것이 필요하다. 구체적인 진로를 설계하는 좋은 방법 중 하나는 롤모델을 정해 그와 관련된 자료나 책을 찾아보는 것이다. 롤모델이 꿈을 이뤄가는 과정을 보면서 자신의 진로에 대한 정보를 얻을 수 있고 동기부여를 할 수도 있다.

12

그 사람, 한복려, 한복선, 한복진은…

고(故) 황혜성 교수의 세 딸이다. 황혜성 여사는 일제강점기를 거치며 사라질 뻔한 한국 음식을 복원하고 연구한 궁중음식 전수자다. 조선의 마지막 주방 상궁인 한희순 상궁으로부터 궁중음식을 사사하고, 평생에 걸쳐 궁중음식을 집대성해 기록으로 남겼다. 그의 첫째 딸인 한복려는 조선왕조궁중음식 기능보유자이자 현재 궁중음식연구원 원장으로 어머니의 뒤를 이어 우리 음식 문화를 연구하고 있다. 둘째 딸 한복선은 '조선왕조 궁중음식' 이수자이자 시인, 경영인으로 우리 음식의 맛과 우수성을 사람들에게 알리고 있다. 막내 셋째 딸 한복진은 조선왕조 궁중음식 이수자이자 전주대 한식조리학과 교수이며 각종 논문과 책을 통해 한국 전통음식에 대한 연구를 하고 있다.

궁중음식 전수자
한복려, 한복선, 한복진
세 자매의

집념과 헌신

그리고 어머니 황혜성

궁중음식 전수자 한복려, 한복선, 한복진
세 자매를 키운 어머니의 교육 철학

· 집념을 가지고 기록해두어라
· 음식은 생명에 대한 존중이다

어머니 황혜성과 세 딸, 궁중음식의 일가를 이루다

　어머니 고(故) 황혜성 교수는 충남 천안의 오천 석 지기 부잣집 고명딸로 태어났다. 열여섯에 일본 유학을 간 그녀는 일식과 서구식 영양학을 배우고 돌아와 당시 순종의 비인 윤비를 모시고 살던 조선왕조의 마지막 주방 상궁인 한희순 상궁에게서 궁중음식을 배웠다.
　수십 년간 궁중에 남아 있는 음식관련문헌과 오랜 조리서에 대한 연구와 방방곡곡을 다니며 모은 향토 음식과 민속 음식에 대한 조사와 연구 기록은 바로 어머니의 인생이었다. 그렇게 어머니의 기록은 쌓여갔고 그 엄격하고 방대한 작업 속에서도 세 딸들을 위해서라면 정성을 아끼지 않았다. 세 딸들이 기억하는 어머니의 모습은 어떨까? 딸들은, 거친 것을 싫어하고, 고운 말씨와 태도를 가지셨던 분, 남과 비교하거나 흉보는 일이 없으셨던 분으로 어머니를 기억한다.
　어머니는 학교에 가시느라 바쁘셨지만 세 딸의 도시락만큼은 귀한 재료로 특별한 도시락을 싸주셨다. 그 당시 친구들은 먹음직스럽고 특별한 반찬을 보고 눈이 휘둥그레졌고 세 딸들을 부러워했다. 그래도 어머니의 평소 밥상은 아주 소박했다. 어머니는 특히 찬물에 밥을 말아 오이지를 곁들여 먹는 것을 좋아하셨다.
　'음식 문화는 모든 문화의 첫머리요, 우리 민족의 정신이다'라는 말로 궁중음식의 맛을 계량화하고 체계화시킨 어머니는, 평생을 한국의 전통적인 맛을 지켜내고, 궁중음식 연구에 삶을 바친 분이었다. 우리의 궁중음식이 후대로 이어졌으면 하는 어머니의 바람은 세 딸들에게 그대로 전해졌다.

첫째 딸 한복려는 현재 궁중음식연구원을 이어가고 있다. 1971년 궁중음식연구원이 설립된 이래 어머니의 대를 이어 연구원을 지키고 있는 제3대 궁중음식 기능보유자이다. 과감한 결단력과 업무 추진력, 고집이 어머니를 닮았다. 젊은 시절 그녀는 어머니가 수업을 할 때 늘 옆에서 조교 역할을 하며 궁중음식을 전수 받았다. 지금은 수업을 통해 당시에 배운 어머니의 조리법과 가르침을 그대로 전하고 한국의 음식문화를 세계화하는 데 힘쓰고 있다. 둘째 딸 한복선은 독립해 자신만의 식문화연구원을 만들었다. 어렸을 때부터 '작은 황 선생님'이라고 불릴 만큼 어머니의 고운 외모와 말씨를 빼다 박았다. 자신의 이름을 딴 브랜드로 공용 레시피를 만들어 한국 고유의 김치찌개 등을 일본, 미국 등지에 판매한 지 벌써 10년째다. 텔레비전과 라디오, 잡지 등 각종 방송 매체에 출연해 한식의 대중화와 세계화에 노력하고 있다. 셋째 딸 한복진은 전주대 한식조리학과 교수로 우리나라의 향토음식이나 궁중음식과 관련된 문헌을 연구하고 한식 세계화에 중요한 외식 산업이 탄탄하게 성장할 수 있도록 전문 조리 인력을 양성하는 데 힘쓰고 있다. 어머니가 한국 음식을 조사하고 그동안 감춰져 있던 걸 하나씩 끄집어냈다면, 세 딸이 이제 어머니가 남겨주신 숙제를 정리하고 한국 음식문화의 미래를 위한 토대를 완성하고 있는 셈이다.

집념을 가지고 기록해두어라

궁중음식연구원은 어머니 때부터 이어져 와 올해로 42년째, 어머니의 인생이 담긴 곳이자 궁중음식이 정립된 곳이다. 이곳에는 어머니가 생전에 집필한 책이 보존되어 있다. 식재료며 조리 방법을 망라한, 한국의 전통음식을 집대성한 한국요리 백과사전이다. 음식 연구에서 없어서는 안 될 책이 어머니의 유산으로 남은 것이다. 지금이야 인터넷만 검색하면 웬만한 자료를 다 찾을 수 있지만, 어머니가 살아계실 때만 해도 필요한 정보가 있으면 일일이 찾아다닐 수밖에 없었다. 지금도 세 딸은 어머니가 그 많은 식문화와 식재료를 어떻게 그렇게 자세히 채워 기록을 했는지 신기하고 궁금하기만 하다.

 23세에 처음 궁중음식을 배운 후로 86세까지 어머니는 평생 궁중음식 연구에만 매진했다. 음식 연구에 쏟는 그녀의 정성은 놀라웠다. 당시 문화재 관리국의 식생활 전문위원이기도 했던 어머니는 지방을 돌아다니며 옛 조리도구들을 수집해 손수 치수까지 재가며 옛 조리도구들을 체계화시켰다. 마이크로필름으로 사진도 직접 찍고 필요하면 음성 녹음도 했다. 그렇게 얻은 자료들을 종합해 지방 전통음식들에 관한 내용들을 글로 정리해 남겨두었다. 가히 기록의 여왕이었다.

 세 딸도 어머니를 물심양면으로 도왔다. 일 년에 몇 번씩 있는 큰 행사와 전시, 발표 등을 총괄 기획하고 실습도 해야 하는 일들은 아무나 할 수 있는 것이 아니었다. 그러다보니 어머니의 제자로 오래 남은 이들은 딸들이었다. 각종 연구 조사를 끝내고 돌아오면 어머니는 세 딸에게 녹취한 자료를 정리하거나 분류하는 등의 일을 하나씩 맡겼다. 혹은 아예 딸들을 데리고 가서 필기, 녹음, 사진 찍는 일들을 거들게 했다. 새로운 음식과 식문화가 있는 곳에도 음

식을 공부하는 딸들을 앞세워 찾아갔다. 특히 궁중음식은 자료를 찾기가 몹시 어려웠는데, 이는 궁중음식을 담당한 상궁들이 글로 공부한 게 아니라 스승에게서 눈으로, 귀로 배웠기 때문이었다. 입에서 입으로 전해오는 말을 기록으로 남기고 정리하는 어머니의 열정은 딸들에게 자양분이 되었다.

어머니는 조선왕조 궁중음식이야말로 문화재가 되어야 한다고 생각했다. 당시 식생활 분야의 문화재 전문위원이었던 어머니는 그간 조사한 자료를 바탕으로 조선왕조의 궁중음식을 문화재로 지정하기 위해 수차례 보고서를 올리고, 조선왕조의 마지막 상궁인 한희순 상궁과 함께 궁중음식을 만들어 문화재 전문위원들을 찾았다. 하지만 그들의 반응은 냉담하기만 했다. "음식은 여자라면 누구나 하는 일"이라고 폄하하던 어느 전문위원의 말처럼 당시에는 음식을 문화재로 지정하는 것에 거부감이 상당했다. 문화재라 하면 음악이나 무용 등만 생각했지, 우리가 늘 먹는 음식을 문화재로 지정할 수 있다는 걸 생각소차 못했던 시기였다. 그러나 어머니는 포기하지 않고 한희순 상궁과 함께 여러 차례 궁중음식을 만들어 문화재 전문위원들에게 맛보이며 음식의 중요성을 설득한 후에 그들의 마음을 돌릴 수 있었다. 궁중음식 솜씨를 가지고 있는 한희순 상궁을 인간문화재로 지정하고 궁중음식을 무형문화재로 만들겠다는 어머니의 끈질긴 집념으로 조선왕조 궁중음식은 문화재로 지정되었고, 제1대 조선왕조 궁중음식 기능보유자 한희순 상궁에 이어 어머니 황혜성은 제2대 기능보유자가 되었다.

"다음 세대에 어떻게 전해야 할까 많이 생각해요. 어머니

가 펼쳐놓은 것을 제 세대에서도 어느 정도 정리를 해놔야 다음 세대가 알게 될 테니까요. 제가 그걸 흐지부지 해두면 다음 세대는 더 모를 수밖에요. 제가 다리 역할을 맡은 거죠."

— 한복려

"저희들도 항상 메모로 기록을 해둬요. 본인의 기억력을 믿지 않고 적어두는 거죠. 어머니가 일하시던 자세를 보고 배운 거예요." — 한복선

음식은 생명에 대한 존중이다

둘째 딸 한복선이 궁중음식 연구원에서 약선요리 중 하나인 육개장과 두부선, 죽순채를 실습하는 날이다. 음식에 대해 배운다는 건 거기에 담긴 문화와 역사를 알아가는 과정이기도 하다. 약선으로는 계절음식이 대표적인데, 그중에서도 봄 요리인 죽순채의 조리 과정에 이어 먹는 법에 대한 설명이 이어진다.

"음식을 드실 때에는 계절과 함께 간다고 그랬어요. 대우주 안에서 우리 사람은 소우주예요. 대우주 안에 소우주는 따라가는 게 순리이죠. 그래서 순리대로 살라는 말을 하고 순리를 거스르면 문제가 생기기도 해요. 가장 순리대로 사는 방법은 계절음식을 먹는 거예요. 약선은 약이 되는 음식을 먹는 것이기 때문에 우선 내가 맛있게 먹을 수 있어야 해요. 생맥산차

(맥문동, 인삼, 오미자를 물과 함께 달인 여름 음료)도 맛있게 하기 위해 수박을 같이 넣으면 여름의 더위를 날려버릴 수 있어요. 이게 바로 약선차죠." - 한복선

약선에 대한 설명 하나에도 한약과 식재, 영양학에 대한 전반적인 설명이 들어가며 저마다 타고난 기질이 있듯 약이 되는 음식 안에 주어지는 식재와 약재도 저마다 다르다는 말이 이어진다. '음식을 만든다는 건 재료를 주물러서 맛있거나 맛없는 요리를 만드는 게 아닌 식문화'라는 말이 와 닿을 수밖에 없다.

지금은 남을 가르치는 위치에 있지만 예나 지금이나 음식을 대할 때 세 딸의 마음은 저절로 가지런해진다. 오랜만에 모여 음식을 같이 만들어 먹을 때에도 어머니의 가르침이 기억에 남는다. 어머니는 식재료를 다듬고 조리하기 전에 잠시 앞에 놓고 생각하는 시간을 가질 것을 강조했다. 이 먹을거리가 어디에서 왔는지 생각하고 생명에 대한 고마움과 미안함을 가지라는 것이었다. 살아 있던 것이었으므로 어떻게 하면 더 예쁘게 만들어줄 수 있을지 고민해야 한다고도 했다. 흔히 음식을 만들 때 사람들은 예쁘게 보이는 데만 신경 쓰지만 예쁘고 좋은 음식을 만들기 위해서는 음식을 대하는 마음가짐부터 달라야 한다는 것이었다.

어머니는 약밥 하나를 만들 때에도 모아 놓은 약밥을 칼로 네모 반듯하게 썰지 않았다. 귀한 쌀알 하나하나에 칼질을 할 수 있겠냐며 동그랗게 뭉쳐서 조그마한 종지에 담아 내왔다. 그런 분이니 어머니가 대중음식점에 가는 것을 싫어했던 것은 당연했다. 먹는 사람 앞에서 가위로 썩둑썩둑 김치나 고기를 자르는 걸 보지 못

했다. 칼이나 가위같이 날카로운 물건은 사람에게 위협감을 주는 것이라며 예의에 어긋난다 하셨다.

"먹을거리라는 건 내 손으로 만들어내는 게 없어요. 그래서 먹을거리를 얻을 때는 마음이 참 겸손해야 해요. 그런데 음식을 만드는 사람들의 행동을 보면 참 난폭해요. 나는 재료나 남은 음식을 함부로 버리는 걸 보면 예쁘지가 않아요. 이렇게 함부로 재료를 버리는 데 예쁜 얼굴이 어디 있어. '이거 아까운데 어떻게 버리지' 하는 안타까움이 있다면 그래도 얼굴이 좀 예뻐 보일 텐데……. 사람끼리도 겸손해야 하지만 음식을 만드는 사람도 먹을거리에 대해서 특히 감사해하고 귀한 거라고 생각해야 해요." - 고 황혜성

평생 어머니의 그런 가르침 속에서 요리를 해왔기에 세 딸 역시 음식을 단순한 먹을 것으로만 보지 않는다. 살아 있는 식재료에서 더 나아가 그것들을 키우느라 애쓴 '사람의 정성과 수고'까지 생각한다. 그럴수록 요리에 대해 더 깊이 생각하게 되고 그것의 의미를 되새기게 되는 것이다. 딸들은 그 옛날 어머니가 해주었던 말씀들을 이제는 머리만이 아니라 온몸으로 이해한다.

"어머니를 따라 향토음식 조사를 가면 그 지역의 특이한 산물만 보는 것이 아니라 키운 사람들의 노고까지도 볼 수 있어요. 그걸 보고 나면 음식을 대할 때 그 재료를 키워준 사람한테도 고마움을 느끼죠. 그 재료를 이용해 요리를 해준 사람

에게도 마찬가지고요. 그래서 음식을 내주는 것이 공양이고, 나눠 먹어야 한다는 생각이 일상에 자연스럽게 녹아들어요. 예전에는 머리로만 이해했다면 이제는 그걸 실천으로 옮기게 되네요." - 한복선

어머니에게
傳하다

한복려 원장이 어머니의 뜻을 이어가고 있는 궁중음식연구원에는 어머니 대부터 지금까지 20년 넘게 전통음식 지킴이로 인연을 이어온 분들이 많다. 그들은 어머니를 한국의 음식문화의 좌표를 훌륭하게 세워놓은 스승으로 여기며 전통을 지키는 일엔 원칙을 세우고 몸소 보여주신 분으로, 평소에는 온화한 모습으로 모두에게 정을 주신 분으로 기억하고 있다.

생전에 어머니는 첫째 딸과 아끼는 제자를 좌의정 우의정이라 부르며 한 치의 사사로움이 없이 똑같이 키웠다. 그리하여 현재 궁중음식 무형문화재는 큰딸인 한복려와 첫 번째 제자인 정길자이다. 특히 어머니는 가족을 잃은 큰딸을 지켜보며 그녀가 슬픔을 딛고 독립적으로 강하게 살 수 있도록 말없이 지켜주었다. 그러나 어머니는 돌아가시기 전에 큰딸에게 끈기가 있고 집념도 있다는 말씀을 해주셨고 그 말씀은 그녀에게 최고의 칭찬이자 살아가는 힘이 되었다.

세 딸은 어머니 생전에 다른 딸들처럼 살갑게 굴지 못했던 것이 후회가 된다고 했다. 그래도 위안을 삼는 것은 어머니의 팔순 잔치를 궁중의 문헌에 있는 정해년 '만경전 진찬'으로 해드렸던 것이다. 이 의궤는 고종의 양어머니인 조 대비의 팔십 세 탄신을 축하하는 내용이라 궁중음식 연구를 위해 평생을 바친 어머니께 자식으로 또 제자로서 해드릴 수 있는 선물이라 여겼기 때문이다. 이 시도는 그 후 궁중문화 재현 행사에 지속적으로 활용되고 있다. 그리고 이제 세 자매 역시 어머니처럼 궁중음식 전수에 힘쓰며 세 사람이 한 힘이 되어 고향에서 한곳에 모여 살며 어머니께서 남겨 놓은 숙제를 재미있게 풀면서 살고 싶어 한다.

"지금은 어머니가 곁에 계시지 않지만, 어머니의 존재를 늘 가까이에 느끼며 살고 있어요." - 한복려

"어머니에게 어떤 기질이나 학문, 거의 모든 걸 다 물려 받았기 때문에 그저 감사하죠." - 한복선

"어머니가 안 계셨으면 저희가 지금 이렇게 살 수 있었을까요? 살아가는 모든 인생에 어머니가 가르침을 주셨고 지금 하는 일도 어머니 덕분에 배우게 됐으니까요." - 한복진

맞춤형 자녀교육 포인트

책임감 있는 아이로 키우기

요즘은 아이들이 자존심이나 자부심을 갖는 것, 어떤 일에 노력하는 것 등이 몹시 대단한 일로 여겨진다. 하지만 더 중요한 것은 진짜 자존심이란 주위에 기여를 함으로써 형성된다는 것을 아는 것이다. 자기 자리를 모르고 주위에 기여를 해보지 않은 아이들은 스스로 부풀려진 자화상을 가지게 되는데, 이런 아이들이 자라나 무조건 자기를 최고로 위해주던 부모나 가족들로부터 떨어져 세상 속으로 나오면 당황한다. 자신이 이 넓은 세상에 수많은 사람들 중 한 사람, 작은 한 점에 지나지 않는다는 걸 알게 되면서, 이전의 자만심이 쭈그러들기 때문이다. 그러므로 아이가 어렸을 때부터 자기 자신으로부터 바깥으로 시선을 돌리고 주위 사람들과 협력하고, 그 안에서 자신이 맡은 일을 책임감 있게 해낼 수 있도록 가르쳐줘야 한다.

세계적으로 네팔에서 파푸아뉴기니, 니카라과까지 아이들이 책임감을 갖는 것을 당연하게 여긴다. 그들은 대개 지켜보는 어른의 보호 아래 각자 매일매일 해야 하는 일이 있고, 그 일을 상당히 즐겁고 자랑스럽게 해낸다. 반면 오스트레일리아의 대부분의 젊은이들은 20대가 될 때까지 청소나 세탁과 같은 기본적인 집안일조차 제대로 하지 않는다. 어렸을 때부터 습관이 되지 않았기 때문이고, 그러다보니 어른이 되어서도 자기 자신을 돌보고 자기 식사를 챙기는 정도의 일도 제대로 하지 못한다는 이야기다. 아이들이 훗날 자립적인 어른이 되기 위해서는 어렸을 때부터 기본적인 책임감을 배우고 습관이 되어 있어야 한다. 이와 관련해 자녀양육의 세계적인 전문가 스티브 비틀프는 『아이에게 행복을 주는 비결』

에서 아이들에게 책임감을 가르치는 방법을 소개하고 있다.

• **집안일에 아이를 참여시켜보자**

아이에게 책임감을 길러줄 수 있는 방법 중 하나는 아이들을 집안일에 참여시키는 것이다. 식사 시간에 식탁에 수저를 놓게 한다든지, 작은 그릇을 나르게 하는 정도의 일은 만 두 살 정도의 아주 어린 나이부터 시작할 수 있다. 여기에 아이가 자라남에 따라 일거리를 조금씩 늘려나간다. 규칙적이면서도 쉬우며, 스스로 돌보는 것과 관련 있고 가족 전체에 도움을 주는 일을 골라본다. 아이는 만 네 살이 되면 자기가 음식을 먹고 난 빈 접시를 설거지통에 넣는 것뿐 아니라 식탁을 차리는 것까지 도울 수 있다. 놀고 난 다음 장난감을 제자리에 정리해두거나 다 읽고 난 책을 책장에 꽂는 일 등은 아이가 스스로 할 수 있도록 한다. 그리고 아이들이 일을 할 때가 되면 그것을 주지시키고 일을 끝낸 후 확인 및 뒷정리를 해주는데, 시간이 지나면 부모가 말하지 않아도 아이 스스로 기억하고 할 수 있도록 한다. 맡은 일을 다 해내면 칭찬을 해주되 지나쳐서는 안 된다. 아이가 자신이 한 일을 특별한 일로 받아들이지 않고 당연한 일로 인식하도록 한다.

반대로 아이가 자신이 맡은 일을 하지 않았다고 잔소리를 해서는 안 된다. 대신 그날 아이가 해야 할 일을 두 배로 늘리는 방법을 써보자. 이

부분에 관해서 종종 엄마들은 이렇게 이야기하곤 한다. "그냥 내가 하는 게 빠르지. 그걸 아이한테 맡기면 시간이 얼마나 오래 걸리는데요. 깔끔하지도 않고." 하지만 그것은 당연한 일이다. 가르치는 일은 시간이 걸린다. 아이는 시행착오를 겪으며 좀 더 익숙해지고, 지속적으로 같은 일을 하면서 그것을 습관으로 만든다. 그리고 자신이 맡은 일을 해냄으로써 가족 구성원의 한 사람임을 인식하고, 가족의 일에 자신이 기여했다고 느껴 상당한 즐거움을 얻는다.

이렇게 작은 일부터 아이에게 맡기기 시작해서 조금씩 일의 종류나 강도를 변화시켜본다. 아주 어려서부터 집안일을 도우며 자라난 아이들은 부모가 맡긴 일을 하지 않겠다고 반항하는 경우는 드물다. 항상 해왔던 일이기 때문이다. 또한 아이에게 일을 분담시킬 때에는 아이가 좋아하고 즐거워하는 일과 시큰둥하고 재미없어 하는 일을 골고루 섞어주는 게 좋다. 그 일들을 함으로써 아이는 언제나 자신이 좋아하는 일만 할 수 없다는 것을 현실적으로 배울 수 있다.

시험 기간도 마찬가지다. 우리나라 부모들은 아이의 시험기간이면 아이가 공부에 집중할 수 있도록 공부 외의 다른 일들은 하지 않아도 눈감아주곤 하는데, 조정은 필요하겠지만 공부와 집안일 돕기는 병행하도록 해야 한다. 그러지 않으면 아이는 그 두 가지 모두 항상 해야 하는 일로 받아들이지 않는다. 집안일이 공부에 비해 가치가 덜한 일이 아니다. 요리, 청소, 세탁, 애완동물 돌보기, 시간관리 등 일상의 모든 기본 영역에서 아이가 자신이 맡은 일을 해내도록 하는 것이 자녀의 경쟁력을 키워주는 일이다. 아이가 스스로 이런 일들을 당연히 해야 하는 것으로 받아들이고 습관이 되면 성인이 되어 홀로서기를 할 때에 스스로 돌볼 준비가 완전히 된 상태로 자립할 수 있다.

어머니전(傳)
ⓒ EBS · (주)박앤박 미디어 2013
All rights reserved

초판 발행 2013년 7월 30일

제작 방송 EBS
공동기획 (주)박앤박 미디어
지은이 EBS 〈어머니전(傳)〉 제작팀
출판주관 EBS 미디어
펴낸이 김정순 책임편집 김수진 구성 손혜령 디자인 김수진
마케팅 김보미 임정진 전선경

펴낸곳 (주)북하우스 퍼블리셔스
출판 등록 1997년 9월 23일 제406-2003-055호
주소 121-840 서울시 마포구 양화로 12길 24(서교동 선진빌딩) 6층
전자우편 editor@bookhouse.co.kr
홈페이지 www.bookhouse.co.kr
전화번호 02-3144-3123
팩스 02-3144-3121

ISBN 978-89-5605-650-0 13590

이 도서의 국립중앙도서관 출판시도서목록(CIP)은 e-CIP 홈페이지(http://www.nl.go.kr/ecip)와 국가자료공동목록시스템(http://www.nl.go.kr/kolisnet)에서 이용하실 수 있습니다. (CIP제어번호: 2013001858)

* 이 책은 EBS 미디어와의 출판권 설정을 통해 〈어머니전(傳)〉을 단행본으로 엮었습니다.

EBS 〈어머니전(傳)〉을 만든 사람들
책임 프로듀서 신영숙, 이형관, 최남숙
글·구성 안영하 백명정 박윤선 이혜선 박정현 김경선 김보라
연출 한인화 정진권 홍은진 허경진 박성철 서용환 **조연출** 권민지 이현경 김주철 최재영 김지수
자료조사 최정우 김자연 고선종 **내레이션** 정형석 권기봉